U0565600

提摩太·凯勒 / 著

李晋　马丽 / 译

Timothy Keller

慷慨的正义

—— 上帝的恩典如何让我们行义

GENEROUS JUSTICE
How God's Grace Makes Us Just

上海三联书店

Generous Justice

How God's Grace Makes Us Just

献 给

救赎主长老教会的众执事，

以及纽约希望中心的领袖们，

向你们致以诚挚的敬意和钦佩！

目 录

引言

为什么写这本书?

注释

致谢

引 言

为什么写这本书?

> 有人把以赛亚先知的书递给他,他展开书卷找到一处,上面写着:"主的灵在我身上,因为他膏我去传福音给贫穷的人,差遣我去宣告被掳的得释放,瞎眼的得看见,受压制的得自由。"

《路加福音》4:17—18

(本书引用的圣经经文,采用中文新译本)

在拿撒勒的一个犹太会堂,耶稣以这些话开始了他的事工。他称自己是先知以赛亚所预言的那位"主的仆人",是要把"正义"(赛 42:1—7,新译本译为"公理")带给世界的那一位。大多数人都知道耶稣带来的是赦罪和恩典,但鲜为人知的是,圣经教导说,若一个人真正经历耶稣基督的恩典,他一定会在世上寻求正义。

在写这本书的时候,我从朋友那里听到两个问题:"你这本书是为谁写的?"以及"你怎么会对正义这样的主题感兴趣呢?"对这两个问题的回答,可以作为对这本书主题的介绍。

谁应该读这本书？

我希望四类人可以阅读此书。有很多青年基督徒会欣然回应看顾有需要者的呼召。志愿者精神是整个一代美国大学生和研究生的突出特点。《非盈利时报》(*NonProfit Times*)报道说，青少年和青年人带领了"志愿者活动的高涨浪潮"。所罗蒙特(Alan Solomont)是国家与社区服务公司(Corporation for National and Community Service)的董事会主席，他曾说："[这一代]青年人比其他代更愿意服务他人。"[1]在二十世纪七十年代和八十年代，青年人中的志愿者参与率显著下降，但"现在青年人成长的学校，有更多学习如何服务的课程，让青年人更早踏上社区服务之路"。[2]

我们教会青年人居多。作为牧师，我看到他们对于社会正义的兴趣，我也看到很多人避免让他们的社会关怀影响到自己的个人生活。这种关怀不会影响到他们怎样花钱，怎样从事自己的职业，以及在社区中如何选择和生活，也不会影响到他们结交怎样的朋友。我还目睹很多人在一段时间后就失去了参与志愿者活动的热情。

他们从年青人的文化中所汲取的，不仅是一种对社会正义的情感共鸣，还包括一种消费主义。这种消费主义腐蚀了舍己的品格，也使人迟迟得不到内心的满足。如果我们要给贫穷人和被边缘化的人带来改变，我们内心必须经历一种全面的改变,但这种改变不是西方国家年青人的流行文化可以带来的。虽然很多年青人也信仰基督教,而且渴望帮助那些有需要的人,然而实际上这两样事并没有联系在一起。他们还没有真正明白耶稣的福音与在生活的所有方面践行正义之间有何关联,而这一关联正是我在这本书中所要建立的。

正义和圣经

我希望另外一类对"行义"(doing justice)这个主题持怀疑态度的人也会阅读这本书。二十世纪的美国教会存在一个巨大的分歧,主流自由派教会强调社会正义,而基要派教会则强调个人救恩。社会福音运动的发起人之一是饶申布什(Walter Rauschenbusch),他是一位德国裔浸信会牧师,十九世纪八十年代最先在纽约市边缘的地狱之厨(Hell's Kitchen)牧会。他亲身经历了该社区极度贫穷的状况,这让他开始质疑教会传统的福音事工——尽力拯救人的灵魂,而对那些将人们锁入贫困的社会制度却漠不关心。饶申布什开始同时服事人们的"灵魂和身体",但除了这一事工转向外,他在神学上也发生了相应的转变。他拒绝接受传统的圣经论和赎罪论。他教导说,耶稣不需要满足上帝的正义要求,所以他的死只是表明他是一个无私者的楷模。[3]

所以,在很多正统基督徒的头脑中,"施行正义"不可避免地要与纯正教义和灵性活力的亏损联系在一起。但是，爱德华兹（Jonathan Edwards），这位十八世纪的传道人，讲过《落在忿怒上帝手中的罪人》，坚定的加尔文主义者，几乎没有人会认为他是"自由派"。他在《向穷人行善的责任》一文中考查了圣经，并且得出结论说，"相比'施舍给穷人'，圣经中哪里还有更强烈传达出来的命令，而且是用更迫切的方式呢？"[4]

和饶申布什的论证不同，爱德华兹认为，你不必改变圣经中关于救恩的经典教义才能去服事穷人。恰恰相反，这样的事工正是直接出于这种历史性的福音教导。他看到帮助穷人和经典圣经教义这两者密不可分。今天这一组合相对少见，然而原本不该如此。我的这本书是为那些还没有看到爱德华兹之所见的人而写的，也就是说，当圣灵教导我们理解基督为我们做了什么时，这必然导致我们活出全新的生命，其中包括施行正义和同情穷人。[5]

我希望这本书还会适合那些年青一代的福音派基督徒阅读。他们"扩展了他们的事工"，使之包括促进社会正义，而不只是传福音。[6]他们中有很多人不仅转离了一些陈旧的事工方式，也转离了一些传统福音派的教义，如耶稣的代赎和因信称义，在他们看来这些都太"个人主义"了。[7]这些人一般认为，如果教会要更多参与社会正义，那么神学重点上的改变——或者说是神学教义的彻底改变——是必需的。这本书篇幅有限，我们不能进入这些关于代赎和称义的辩论当中。但是,这本书的一个主要目的是为了显明,这样一种教义的"再造"(reengineering)不仅是错误的,也是没有必要的。正确理解传统福音派的教义,应该能引导人进入一种在世上施行正义的生命中。

还有第四类人会对这本书感兴趣。最近出现了很多指责宗教的书籍和博客——用希钦斯(Christopher Hitchens)的话说,就是"宗教毒害了一切"。[8] 在他们看来,宗教(特别是基督教会)是地球上一股推动不义和暴力的力量。对于这些人而言,说有人因相信圣经中的上帝而委身于正义,这种思想是荒唐的。但是,我们将会看到,圣经从头到尾都是一本致力于世上正义的书。而且圣经不仅向人发出要关切正义的直白呼召,它还为我们提供了正义的人生所需要的一切,包括动机、指引、内在的喜乐和力量。

我已经列出四类读者群,他们乍看起来差别很大,但其实不然。在某种程度上,他们都没有看到,圣经中耶稣的福音必然有力地促使人产生对世上正义的渴求。对人类生活各方面的正义之关切,既不是圣经信息的一个虚假的附属物,也不是一个矛盾体。

我为什么关心正义?

我是怎么开始关心正义这个主题的呢? 在孩童时期,施行正义并不是我的兴趣。我在成长过程中曾经躲避过一个我唯一熟悉的穷孩子,他叫杰弗里(Jeffrey),是我小学和中学的同班同学,他曾住在"第八街桥下"。在我的学校里,社会等级森严,一些学生是圈内人,而另外一些则被归为不合群的圈外人。此外,还有一个等级,就是杰弗里他自己。他的衣服是从二手店买的,不太合身,而且他身上的气味很难闻。他被人无情地耻笑,被排除在所有游戏和谈话之外,甚至在学业上也遭到惩罚,因为没有谁愿意与他合作完成作业。我承认大多数时间我也躲避他,因为我属于不合群的圈外人,正一心希望提高自己的社会地位。我没有同情杰弗里,也没有意识到他所承受的不公正,并且也开始欺负这个唯一比我更被边缘化的孩子。[9]

当我在六十年代末进入大学时,我成为被民权运动惊呆了的一代大学生。我了解到南部黑人和民权抗议者所遭遇的体制性暴力。我特别记得自己被麦瑞迪斯(James Meredith)的影像所震惊,他在 1966 年的一次为争取选举权的游行中被枪杀,但在一张照片中,杀死他的人看起来却很镇定。我很吃惊地意识到,像种族隔离这样一种不义的制度,居然可以这么轻易被整个社会合理化。这是我第一次意识到,我人生中所听到的成年白人所说的那些道理,很多都是完全错误的。问题不只是"几个捣乱的家伙"造成的。黑人的确有权利要求为他们遭受的很多冤屈平反。

"你知道吗，你是一个种族主义者"

虽然我在成长过程中一直去教会，但上大学后我就开始对基督教失去兴趣。一是因为我处在两个完全没有联系的圈子中，一边是我那些支持民权运动的世俗朋友们，另一边是一些正统基督徒，但这些基督徒却认为马丁·路德·金对社会构成了威胁。我很奇怪，为什么这些没有宗教信仰的人如此热切地相信平等权利和正义，而那些我认识的宗教人士却对此漠不关心？

后来出现一个转机，我发现了一小群善于思考的虔诚基督徒，他们将自己的信仰与社会中每一类正义的事结合起来。最初我只是表明我的种族正义观，把它们添加到我作为基督徒刚刚学到的基督教神学上。但有一件事是我起初没有看出来，后来才认识到的：实际上，圣经才是正义的基础。我学到，《创世记》中的创造叙事原来就是西方人权思想的起源[10]，而且圣经的先知著作中充满了对正义的呼唤。多年以后，我才知道，二十世纪五十年代和六十年代我如此推崇的民权运动，源于非洲裔美国教会中对罪和救恩的观点，远胜于世俗主义。[11]

当我进入神学院预备服事时，我遇到一位非洲裔美国学生艾利斯（Elward Ellis），他成了我和我未来的妻子凯西（Kathy Kristy）的朋友。他指导我们了解美国文化中的非正义现实,满有恩慈,坦诚不讳。有一次,他在我们的饭桌前说:"你知道吗,你是个种族主义者。噢,你不是故意的,而且你不想这样,但你确实是。你不由自主。"他还说,比如,"当黑人用某种方式做事时,你会说:'嗯,那是你的文化。'但当白人用某种方式做事时,你会说:'这才是正确的方式嘛。'你都没有意识到你自己也在一个文化中。你的很多信念和做法都是文化性的,但是你看不到。"我们那时才开始看到,在很多方面,我们让自己的文化观念成为道德原则,然后用它们来判断其他种族的人,觉得他们不如我们。他所举的例子非常有力、公正,而且让我们惊讶的是,我们也认同他的说法。

当我第一次在弗吉尼亚的霍普维尔(Hopewell)担任牧师时,我决定修读一个教牧学博士课程,我的论文是关于如何训练执事。在长老会教会组织中,有两种职分:长老和执事。在教会历史上,执事被任命去服事社区中的穷人和有需要的人。但随着时间的流逝,这一传统丢失了,执事演变成了看门人和财务管理者。我的导师挑战我研究这个职分的历史,并且设计一些方法,帮助长老会恢复他们教会生活中这一方面的传统。

我接受了这个论文题目,它成了我的一个转变过程。我去了附近一个大学的社会工作系,拿到他们基础课程的一个完整书单,就开始读所有这些书。我研究了欧洲城市(如日内瓦、阿姆斯特丹和格拉斯哥)的历史,了解到教会执事怎样建立起最早的一批公共社会服务体系。我设计了一些针对执事的技术培训课程，写了一些材料，帮助教会领袖建立异象，不仅包括上帝话语事工（word ministry）方面的传讲和教导，也包括好行为事工（deed ministry），就是服务那些在物质上、经济上有需要的人。[12]

在结束了弗吉尼亚的牧师职分之后，我进入费城的威斯敏斯特神学院任教。我们系里有四位教员都住在内城区，而且教导关于城市事工的课程。我每周会在院系会议开始之前早到十五分钟，与系主任康恩（Harvie Conn）单独谈话。康恩非常热情地委身于城市生活和服事。我意识到，自己从他那里学到很多东西，是我当时没有想到过的。二十五年前我读过他的一本小书《传福音：行公义和传讲恩典》（Evangelism：Doing Justice and Preaching Grace）[13]，其中的主题深深进入我对上帝和教会的思考中。

康恩的教导所带来的激励，以及我在八十年代费城的城市教会所经历的一切，使我在 1989 年应邀搬回纽约市，开始着手建立一个新教会——救赎主长老教会。

关于恩典和正义

弗吉尼亚小镇霍普维尔和大都市纽约之间存在很多极大的差别，但两地之间有一样事物是相同的。让我很吃惊的是，一个人对上帝恩典的把握和经历，与他向往正义、渴望帮助穷人的心是直接相关的。我在两地都曾传讲过一个经典的信息，即上帝并不赐予我们正义，而是借着他白白的恩典来拯救我们。我发现，那些最受这一信息感动的人，也成为最敏感于他们周围社会不义的人。我在霍普维尔的教会有一个名叫谢尔顿（Easley Shelton）的人，他的生命经历了深刻的改变。他转离了对生命道德主义式的枯燥理解，开始明白自己的救恩是以耶稣那白白的、人不配承受的恩典为根基的。这给他带来一种被更新后的温暖、喜乐和信心，他周围的每一个人都可以看得到。但这一变化还带来另外一个让人吃惊的效果。有一天他对我说："你知道吗，我一直是一个种族主义者。"我很惊讶，因为我还没有向他或教会传讲过这个主题，他却自己想清楚了。他说，当他离弃自己的法利赛主义和属灵自义时，他也离弃了他的种族主义。

哈佛的斯卡利（Elaine Scarry）写过一本精彩的小书《论美和正义》（*On Beauty and Being Just*）。[14] 她提出的论点是，美的经历会让我们少一些自我中心，而更多接受正义。在过去几十年中我观察到，当人们看到上帝恩典在基督里的美好时，恩典就会有力地引导他们追求正义。

这本书既适合那些认为圣经是可靠的人生指引的人，也适合那些还在怀疑基督教作为这世上一种积极力量的人。我希望有正统信仰的人可以看到，对穷人和被边缘化的人施行正义，这是圣经中最为核心的一个信息。我也想挑战那些不相信基督教的人，不要把圣经视为一种带给人压迫的文本，事实上，圣经是现代人理解人权的根基。在这本书中，我在每一章都会以一段引自圣经的关于正义的呼召开始，然后显明这些话怎样可以成为一个正义的、慷慨的人类社区的根基。我不奢望每个读者都认同我所说的，但我希望引导读者进入一种新的理解方式，并以此来看待圣经、正义和恩典。

第1章
什么是行义？

世人哪！耶和华已经指示你什么是善,他向你所
要的又是什么;无非是要你行公义,好怜悯,谦虚谨慎
与你的神同行。

《弥迦书》6:8[1]

"我不知道谁会先向我开枪"

我最近遇到一个参加我在纽约市教会的女人希瑟
(Heather)。她从哈佛法学院毕业之后,在曼哈顿一家大律
师事务所开始了一份收入可观的工作。对于很多年青的职
业人士来说,这是一段梦想成真的经历。她是一位精力充
沛的公司律师,在大城市享受生活,奇怪的是,这却不能让

她满足。她希望给别人的生活带来改变,而且她很关心社会中那些负担不起律师费的人。于是她成为一位纽约郡的区代理律师,她的起诉对象很多都是欺压穷人、特别是欺压贫困女性的人。这份工作的薪水仅是她此前工作的一小部分。

当我在八十年代中期任教于神学院时,我学生中有一个名叫格尼克(Mark Gornik)的年青人。有一天,我们俩站在复印机前,他告诉我说,他要搬到三德镇(Sandtown)去,那是巴尔的摩市最穷困、最危险的一个社区。我记得当时自己很吃惊。当我问他为什么的时候,他只是简单地说,"去行公义。"在三德镇,有白人搬进来已是几十年前的事了。最开始的那几年,那里的危险情形一触即发。格尼克告诉一位记者说:"警察以为我是倒卖毒品的,而毒品贩子以为我是警察。所以有一阵子,我都不知道谁会先向我开枪。"但在几年间,格尼克和社区的领袖们一起建立教会,开始了一系列全面的事工,慢慢地改变了这个社区。[2]

虽然希瑟和格尼克的生活原本都很舒适、安全,他们却开始关心我们社会中那些最软弱、贫困和边缘化的人们,而且他们做出长期的牺牲,为要服务这些人的利益、需要和事业。

根据圣经,这就是"行义"的含义。

公义就是关心弱势群体

《弥迦书》6:8 总结了上帝希望我们过怎样的生活。谦虚谨慎与上帝同行,就是要认识他,与他建立亲密的关系,留意他所渴望的事、愿意做的事。包括哪些事呢?这段经文提到"行公义,好怜悯",这乍看起来好像是两样不同的事,其实不然。[3]希伯来文中的"怜悯"一词是 *chesedh*,即上帝无条件的恩典和怜悯。希伯来文中的"公义"一词则是 *mishpat*。在《弥迦书》6:8 中,"*mishpat* 强调行动,*chesedh* 则强调行动背后的态度[或动机]。"[4] 所以,要与上帝同行,我们必须出于怜悯的爱去行公义。

Mishpat 这个词的不同形式在希伯来旧约圣经中出现过两百多次。它最基本的意思是公正地对待别人。所以《利未记》24:22 警告以色列"无论是寄居的或是本地人,你们都应一律对待 *mishpat*(法治)"。*Mishpat* 的意思是,不论种族或社会地位,要根据每个人犯法的情况来定罪或处罚。任何犯有同样罪行的人,应该给予同样的惩罚。但 *mishpat* 一词的意思比惩罚恶行更多,它也指给予人们应有的权利。《申命记》18 章要求以色列人用一定比例的收入来资助会幕的祭司们。这种资助被描述为"祭司们的 *mishpat*",意思是他们应得的或他们的权利。所以我们还读到"为困苦和穷乏的人伸冤"(箴 31:9)。所以,*mishpat*

的意思是给予人们他们应得的,包括惩罚、保护或关切。

这就是为什么旧约每一处使用这个词的地方,都会出现几类人。Mishpat 反复被用来描述关心寡妇、孤儿、寄居者和穷人的需要,而这些人被称为"四类弱势群体"。[5]

> 万军之耶和华曾这样告诉你们的列祖说:"你们要执法公正,各人要以慈爱和怜悯待自己的兄弟。寡妇、孤儿、寄居的和贫穷人,你们都不可欺压,也不可各自心里图谋恶事,陷害自己的兄弟。"(亚 7:9—10)

在前现代农业社会中,这四类人没有社会能力。他们活在温饱线上,一旦遭遇饥荒、入侵或小规模的社会动荡,就会陷入饥饿状态。今天,这四类人可以进而包括难民、流动劳工、无家可归者和很多单亲父母及老年人群体。

根据圣经,一个社会的 mishpat 或公义,可以从人们怎样对待这几类人得到评估。对这几类人的需要的任何忽视,不仅可以被称为缺乏怜悯或慈善,而且有悖于公义,违反了 mishpat。上帝爱那些最没有经济和社会能力的人,也为他们辩护,而我们也应该做同样的事。这就是"行义"的含义。

公义反映出上帝的属性

我们为什么要关心那些最软弱的人呢？因为上帝关心他们。请你思想以下这几段经文：

他为受欺压的人伸冤（*mishpat*），赐食物给饥饿的人，耶和华使被囚的得自由。耶和华开了瞎子的眼睛，耶和华扶起被压迫的人，耶和华喜爱义人。耶和华保护寄居的，扶持孤儿寡妇，却使恶人的行动挫败。（诗 146：7—9）

耶和华你们的神……他为孤儿、寡妇伸张正义（*mishpat*），又把衣食给寄居的人。（申 10：17—18）

让人感到吃惊的是，圣经作者说上帝为这些弱势群体伸冤。不要忽略这一点的重要性。当人们问我"你希望别人怎样介绍你？"时，我一般希望他们说，"这位是提姆·凯勒，纽约市救赎主长老教会的牧师。"当然，我还有其他很多身份，但这是我在公共生活中花时间做的主要的事。所以你要意识到，当圣经作者介绍上帝是"孤儿的父亲，寡妇的伸冤者"（诗 68：5）时，这是多么重要的一点。这是上帝在世上所做的主要工作之一。他与那些弱势群体站在一起，为他们伸冤。

我们很难理解这一点在古代社会多么具有革命性的意义。斯里兰卡学者拉马钱德拉（Vinoth Ramachandra）称此为"不体面的公义"（scandalous justice）。他写到，世界上几乎所有古代文化中，神明的力量都是透过社会精英（包括君王、祭司、军事将领）发出的，神明也与这些精英——而不是与被社会抛弃的人——站在一起。所以，人若反对社会中的领袖，就等于是在反对神明。"但是这里，在以色列截然不同的异象中"，耶和华却不站在贵族男性一边，而是站在孤儿、寡妇和移民一边。他在历史上展示的力量是为了让这些人得能力。[6]所以，从古代开始，圣经中的上帝就与其他宗教的神明完全不同，他站在无权者一边，也为穷人的公义辩护。

上帝站在穷人一边吗？

圣经中的这一强调，让一些人认为上帝"优先选择穷人"，持这样观点的人包括拉美神学家古铁雷斯（Gustavo Gutiérrez）。[7]乍看上去这一观点好像是错误的，特别是摩西律法中有很多段落讲到上帝不因贫或富而偏待人（利 19：15；申 1：16—17）。但圣经说上帝是穷人的辩护者，却从未说过他是富人的辩护者。尽管很多经文呼吁对富人阶层也要行公义，但相比之下，呼吁向穷人行公义的段落出现的频率要高出百倍。

这是为什么呢？富人当然也可能遭遇不公正的对待，但正如哲学家沃特斯托夫（Nicholas Wolterstorff）所说的，一个简单的事实是，社会地位低的阶层"不仅特别容易遭遇不公正，而且通常也是不公正的实际受害者。不公正的分布是不平等的"。[8]一个合理的说法是，穷人或社会地位低的人因无力为自己辩护，而更容易遭受不公正对待。穷人很难支付得起最好的法律咨询服务，正如我的朋友希瑟所了解到的。穷人更经常会成为劫掠（最常见的一种不公正形式）的受害者，而且通常来说，相比之下，执法机关会更快地回应对富人和有权势的人所施行的暴力。沃特斯托夫得出结论说，"你必须判断哪里会发生最大的不公正，以及哪里最容易受伤害。在其他条件都相同的情况下，你要把注意力放在这些事物上。"[9]简言之，因为大多数被泛滥的权力所践踏的，正是那些一开始就没有力量的人，所以上帝才给予他们特别的关注，他们也在他心中占据一个特殊的位置。他说：

你要为不能自辩的人开口说话，为所有贫苦的人伸冤。（箴31:8）

如果上帝的属性中包括一种对正义的热心，让他以最温柔的爱和最紧密的方式扶助社会弱势群体，那么上帝的子民应该怎样做呢？他们必须同样热心关切弱势群体。借着以下这些经文，上帝将他那种对正义的关切注入以色列的敬拜和社区生活中：

> "对寄居的和孤儿、寡妇屈枉正直的，必受咒诅。"众民都要说："阿们。"（申 27：19）

> 耶和华这样说："你们要施行公正和公义，解救被抢夺的脱离欺压者的手，不可虐待或以强暴对待寄居的、孤儿和寡妇，也不可在这地方流无辜人的血。"（耶 22：3）

上帝命令以色列营造一种关心穷人和弱者的社会正义的文化，因为这是以色列向各国彰显上帝荣耀和品格的方式。《申命记》4：6—8 是一段核心经文，上帝在此告诉以色列，他们必须遵守上帝所有的诫命，好让世上的万国看到他们社会中的正义与和平，知道这些是以上帝的律法为根基的，他们就会被上帝的智慧和荣耀所吸引。[10]

这就是为什么上帝会说，如果我们不尊重穷人，我们就等于是在羞辱上帝；而当我们向穷人慷慨行善，我们就是尊崇上帝（箴 14：31）。如果相信上帝的人不尊重穷人的呼吁和要求，我们就不是在尊崇上帝，不管我们所宣称的是什么，因为我们将上帝的美善从世人眼前隐藏了。只有我们将自己倾倒出来给穷人，才会被世人所留意。虽然基督徒在罗马帝国还只是一小群人，但他们向穷人所施行的惊人善举，带来了民众对他们的极大尊敬。我们若要尊崇上帝，就要为穷人和困苦人辩护(耶22∶16)。

正义是正确的关系

我们必须特别关切穷人,但圣经中的正义观念所包含的远不止这一点。当我们思考可以被翻译成"正义"(being just)的第二个希伯来词时,我们可以得到更多的帮助——尽管它通常被翻译为"公义"(being righteous)。这个词即是 tzadeqah,是指人所拥有的正确关系。圣经学者莫季耶(Alec Motyer)把"公义的"定义为"与上帝和好的人,所以他们也致力于让生命中所有其他关系都回归正确的位置"。[11]

那么,这就意味着圣经中的公义必然是"社会性"的,因为它涉及关系。大多数现代人在看到圣经中的"公义"一词时,倾向于将其理解为私人的献身,如保持性纯洁或殷勤祷告和研读圣经等。但在圣经中,tzadeqah 指的是人在每日生活中,在所有家庭和社会关系中,都秉持公正、慷慨和公平的原则。所以,难怪你会发现圣经在很多地方都将 tzadeqah 和 mishpat 这两个词并列使用。

这两个词大致与所谓的"首要正义"(primary justice)和"纠正性正义"(rectifying justice)这两个层面相对应。[12]纠正性正义就是 mishpat,它的意思是惩罚违法者和关怀遭受不公正对待的受害者。首要正义就是 tzadeqah,它是一种行为,如果这种行为在世上盛行,就不必要有纠正性正义了,因为每个人都会按正确的关系对待其他每个人。[13]事实上，虽然 *tzadeqah* 主要关心的是人与上帝建立正确的关系，但其导致的公义生活也颇具"社会性"。《约伯记》中有一段经文描述了过这样一种公义或正义生活的人是怎样的：

因为我救了呼救的穷人，和无人帮助的孤儿。将要灭亡的，为我祝福；我使寡妇的心欢呼。我以公义（*tzadeqah*）作衣服穿上；我的公平（*mishpat*）好像外袍和冠冕。我作了瞎子的眼，瘸子的腿。我作过贫穷人的父亲，我查究过我素来不认识的人的案件。我打碎了不义的人的牙齿，使捕食的掉下来。（伯 29：12—17）

我的仆婢与我争论的时候，我若轻视（*mishpat*）他们的案件，神若起来，我怎么办呢？他若鉴察，我怎样回答呢？那造我在母腹中的，不也造他吗？造我们在母胎里的，不是同一位吗？我若不给穷人所要的，或使寡妇的眼所期待的落空；我若独吃我的一点食物，孤儿却没有与我同吃；自我幼年时，孤儿与我一同长大，以我为父，从我出母腹以来，我就善待寡妇。我若见人因无衣服死亡，或贫穷人毫无遮盖；他若不因我的羊毛得温暖，他的心若不向我道谢；我若在城门见有支持我的，就挥手攻击孤儿，就愿我的肩头从肩胛脱落，愿我的前臂从上臂折断；因为神所降的灾难使我恐惧，因他的崇高我不敢妄为。我若以黄金为我所信靠的，又对精金说:"你是我所靠赖的";我若因为财物丰裕,或因为我多获财利而欢喜;我若见太阳照耀,或明月行在空中,以致心中暗暗地受到迷惑,用自己的嘴亲手;那么这也就是该受审判的罪孽,因为我欺哄了高高在上的神。(伯31:13—28)

安德森(Francis I. Anderson)在他的《约伯记》注释中指出,这是圣经中研究以色列伦理最主要的一段经文。换言之,这是教导一个公义的以色列人应该如何生活的一幅全景画面,"而对于[约伯],正确的行为几乎完全是社会性的。……在约伯的良心中,……忽略向其他人行善,不管那人来自怎样的阶层,都是冒犯上帝的大罪。"[14]

在约伯的整个生命中,我们看到什么是公义生活、行公义的所有要素。当约伯说"我打碎了不义的人的牙齿,使捕食的掉下来"时,我们看到的是一种直接的、纠正性的正义。这句话的意思是,约伯直接面对那些剥削弱者的人。在我们的世界里,这包括起诉那些伤害、剥削和抢夺穷困妇女的男人。但这也包括基督徒如何怀着尊重的心态给当地警察机关施加压力,直到他们迅速回应一个贫困社区的呼求和犯罪,就同他们对待富人区一样。另外一个例子可以是建立一个组织,诉讼并推动立法,反对用不诚实、压榨性的做法向穷人和老年人放贷。

约伯也给我们列出很多例子,是我们可以称为首要正义或公义生活的。他说他是"瞎子的眼,瘸子的腿",以及

"贫穷人的父亲"。"父亲"的意思是,他照顾穷人的需要,就像父亲满足孩子的需要一样[15]在我们的世界,这等于是用个人时间来服务你社区中那些残障人、老年人或挨饿之人的需要。或者还包括建立一些新的非盈利机构来服务这些群体。但这也可能包括一组来自富人区的家庭,到一个穷困社区认领一所公立学校,慷慨捐赠金钱以及提供公益性服务,来提高那里的教育质量。

《约伯记》31 章给出更多关于公义或公正人生的细节。他满足了"穷人的愿望"(16 节)。"愿望"这个词不仅指满足食物和住处的基本需要,它指的是,这人将穷人的生活转向一种喜乐的状态。接着他说,如果他没有与穷人分享自己的食物或"我的羊毛",这就是向上帝犯下一项严重的罪行(23 节和 28 节)。这当然超过我们今天所称的"慈善"范围。约伯不只是发发传单而已,他还深度介入穷人、孤儿和残疾人的生活。他对穷人的目标是一个喜乐的人生,他对寡妇的目标是不让她的眼睛"所期待的落空"。他完全不满足于只是为他社区里这些有需要的人提供一半的服务。他不满足于给他们一些小的、敷衍了事的礼物,同时假设他们的困难和软弱是一种固定的状态。

当 *tzadeqah* 和 *mishpat* 这两个词同时出现时(它们同时出现了三十多次),最能传递这意思的英语表达是 social justice(社会正义)。[16]找出这两个词并列使用的经文,然后用"社会正义"一词来翻译这些经文,这足以让人蒙光照。

以下是两个例子：

> 耶和华喜爱公义和公正，全地充满耶和华的慈爱。（诗
> 33：5）

> 耶和华这样说："智慧人不可夸耀自己的智慧，勇士不
> 可夸耀自己的勇力，财主不可夸耀自己的财富。夸口的却
> 要因了解我，认识我而夸口；认识我是耶和华，我在地上施
> 行慈爱、公正、公义；因为我喜悦这些事。"这是耶和华的宣
> 告。（耶 9：23—24）

正义包括慷慨

至此，很多读者可能会问，为什么我把给穷人的私人赠
予也称为"正义"呢？一些基督徒相信正义只是严格意义上
的 *mishpat*，即惩罚作恶者，以为这就是全部。这并不意味
着他们认为基督徒应该对穷人的疾苦漠不关心，但他们坚
持认为，借着慷慨赠予而帮助有需要的人，应该被称为"怜
悯"、"同情"或"慈善"，而不是"正义"。但是在英语中，"慈
善"一词表达出来的是一种好的但可以选择的活动。慈善
不是一件必须做的事，因为那样就不是慈善了。但这种观
点并不符合圣经教导的力度或平衡性。

在圣经中，赠予穷人被称为"义行"，这在《马太福音》6：

1—2 有描述。那么，不够慷慨地赠予就并非吝啬，而是不义，违反了上帝的律法。同样，我们在《约伯记》31 章对约伯所做一切的描述中，看到他是为了过一种正义和公义的生活才行这些事的。约伯认为，任何他本来可以但并没有帮助到寡妇、穷人和残疾人的事，都是一样可怕的罪，触犯了上帝的荣耀(23 节)，也当受审判和惩罚(28 节)。让人惊奇的是，约伯还声称，如果他将这些善行都归于自己，这也会是一种悖逆上帝的罪。不与穷人"同吃食物"和拥有不公义的财产，是一种悖逆上帝的罪，所以从定义上也是违背了上帝的正义。

　　另外一段出自《以西结书》的经文，也列出一个和我们在《约伯记》31 章看到的相似的清单。

　　人若是公义(tzaddiq)，又行公道(mishpat)和正直(tzadeqah)的事：……不欺压任何人，把欠债人的抵押归还；他不抢夺人的物件，却把自己的食物给饥饿的人，把衣服给赤身的人穿着；他借东西给人不取利息，也不多要。(结 18:5,7—8a)

　　这个公义之人不会用自己的经济地位来剥削那些在财力上不如他的人。更有趣的是，这段经文将"他不抢夺人的物件"和一句解释的话(即他积极地将食物和衣服分给穷人)并列。这意味着，如果你不积极、慷慨地与穷人分享你的资源，你就是一个抢夺的人，你的生活并不正义。[17]这一慷慨和 *mishpat* 之间的联系，不只限于这段经文。以下每一段经文都呼吁行正义的人要将他们的资源与穷人分享，因为上帝是这样做的：

他为孤儿寡妇伸张正义（*mishpat*），又把衣食给寄居的人。所以你们要爱寄居的人，因为你们在埃及地也作过寄居的人。（申 10∶18—19）

我所拣选的禁食不是这样吗？不是要松开凶恶的锁链，解开轭上的绳索，使被压迫的获得自由，折断所有的轭吗？不是要把你的食物分给饥饿的人，把流浪的穷困人接到你的家里，见到赤身露体的，给他衣服蔽体，不可逃避自己的骨肉而不顾恤吗？（赛 58∶6—7）

虽然以西结和约伯都试图在作为法律公正性的"正义"和作为分享的"慈善"之间画一条线，然而他们却都积极地将慷慨作为正义生活的标记之一。一个正义的人在他生活的每一个方面都活在诚实、公平和慷慨中。

我们继续考察，会看到一些正当的原因，解释为什么很多人在听到基督徒谈"行公义"时会觉得不安。这个词经常被用作一个口号，来吸引听众跳上某种政治花车。尽管如此，如果你想要按圣经所说的去生活，那么正义的概念和呼召是你不可逃避的。当我们赋予所有人上帝之造物应得的权利时，我们就是在行义。行义不只是与纠正错误有关，也包括慷慨和社会关怀，特别是对穷人和弱者所行的。这种生活反映出上帝的品格。它涉及的范围非常广泛，从日常生活中以公平和诚实待人，到有规律、极其慷慨地给出你的时间和资源，以及致力于终止一些特殊形式的不公义、暴力和压迫的行动。

第2章
正义和旧约

> 全部圣经都是神所默示的，……都是有益的。
>
> 《提摩太后书》3:16

基督徒和旧约礼仪

我们马上要考察其他一些经文，这些经文表明圣经的正义观念如何在以色列社会中形成。但在此之前，我们必须思考一个棘手的问题：旧约中的律法对今天的基督徒有约束力吗？

虽然基督徒相信全本圣经都具有权威性，但是基督的来临成就了很多旧约中的律法，以至于这些律法不再直接对基督徒有约束力了。一个显然的例子是新约告诉基督徒应该如何对待摩西的"礼仪律"。以色列那些种类繁多的"洁净律法",涉及饮食、穿着和其他形式的仪式洁净,也包括整个献祭系统和圣殿敬拜的条例,但这些都被认为不再对基督徒有约束力了,因为基督已经来临并且成就了它们。在新约的《希伯来书》中,我们被教导说,耶稣是最后的献祭,也是最高的祭司,所以基督徒不需要再献上动物的祭。耶稣也教导过(可7:17—23),基督徒不再需要遵守那些判定一个敬拜者是否在仪式上洁净、是否有资格敬拜的律法。为什么不再需要? 因为基督的代赎献祭将我们带到这些献祭仪式所指向的实在中,而且在基督里,信徒永远被"洁净"了,在上帝眼中成为可接纳的。

尽管如此,圣经学者布隆贝格(Craig Blomberg)指出,"每一条[旧约]诫命都在某种程度上反映出一些对基督徒有约束力的原则(参提后3:16)。"[1]也就是说,即使旧约中那已经在基督里成就的部分,也仍然有效力。例如,要向上帝献祭的原则仍有效力,只是被基督的工作代替了。我们现在被要求把我们整个生命献给上帝作为活祭(罗12:1—2),也要向上帝献上敬拜的祭,以及与他人分享我们所拥有的(来13:5)。请思考一下《利未记》整卷书中所有的洁净律法和仪式规范。这些律法不直接对基督徒有约束力,但当保罗解释说基督徒应该活出圣洁的生命、与他们周围不信的文化完全区分开来时,他引用了《利未记》26:12(参林后6:16—17)。所以,基督的来临改变了基督徒展现他们圣洁和献祭的方式,但一些基本原则还是有效的。

基督徒和摩西的民事律法

但是,我们这里所关心的不是摩西的礼仪律。那些有关社会正义的"民事"律法,包括赦免债务、释放奴隶和财富分配的诫命,现在和我们有关系吗? 在旧约中,相信上帝的人组成一个单独的民族国家,他们的土地分配是上帝指定的,还有一套以民事制裁为基础的宗教律法。以色列国家的特点是神权统治,政府会惩罚偶像崇拜和奸淫的行为。但在新约中是不同的。基督徒现在不用组成一个神权统治的国家政府,而是组成由各个地方教会构成的国际化团契。这些地方教会存在于每一个国家和每一种文化中,也存在于不同政府治理下。他们应该尊重这些执政者,但却不是绝对效忠于他们。耶稣著名的教导"凯撒的应当归给凯撒,神的应当归给神"(太 22:21)标志着这种政教关系的改变,教会不再是"官办的"。

虽然信徒们仍然构成一个"圣约社群"(covenant community),是一群受约束要遵守上帝旨意的人,但教会毕竟不是政府。例如,使徒保罗呼吁哥林多教会责备一个犯奸淫者,而且保罗说,如果这人不悔改的话,就要将他从这个团体中除名(林前 5 章)。尽管如此,保罗并没有要求对他施以刑罚,如以色列曾经有的做法。既然存在这样一种巨大的变化，我们是否还有理由相信，摩西的民事律法即使对我们而言没有绝对的约束力，却依然具有一定程度上持久的有效性呢？是的。

有几个因素可以做我们的指引。我们要谨慎，不能简单地说"这些已经不适用了"，因为涉及社会正义的摩西律法根植于上帝的属性，而后者是永不改变的。上帝经常告诉以色列人要借给穷人而不收取利息，要分配物品给有需要的人，要为孤儿辩护，因为"耶和华你们的神……他为孤儿寡妇伸张正义（mishpat），又把衣食给寄居的人"（申 10：17—18）。如果上帝是这样的，即使现在的信徒生活在上帝救赎历史的一个新阶段，我们这些相信他的人也必须找到一些方式、用我们的行动表现出来。

而且，我们会在下一章看到，新约作者仍继续回顾这些社会正义之律法，并以此为基础，在新约教会中付诸行动。例如，虽然在旷野采集吗哪的律法显然不适用于今天，但保罗在《哥林多后书》8：13—15 用这些律法来要求基督徒分享经济资源并操练积极的慷慨行为。正如以色列是一个"正义的群体"，教会也应反映出对穷人同样的关怀。

基督徒和社会

就算在某种程度上我们可以把旧约以色列人的社会立法应用于新约教会，但我们也可以将其应用在我们今天的整个社会里吗？在这一点上，我们需要特别谨慎。以色列的社会正义律法，主要是信徒之间关系的原则。以色列作为一个民族国家，其中每个公民都需要服从上帝的整套律法，也必须全心敬拜上帝。摩西的社会立法是以这样一个整体为前提的。但这却不是我们今天社会的情况。

尽管如此，圣经给我们一个例子，让我们看到一个相信上帝的人，如何呼吁一个不信的君王停止不公正的统治（但4:27）。在《阿摩司书》中，我们看到上帝谴责不信上帝之国家中的压迫、不公正和暴力（摩1:3—2:3）。很明显，上帝的旨意是要所有社会都反映出他对正义的关切，就是体现在弱势群体上的公义。所以，和礼仪律一样，民事律仍然具有一定的有效性，但信徒必须谨慎寻求，并从我们的生活和做法中反映出来，不只是作为教会的成员，也是作为国家的公民。

例如，很多圣经段落警告审判官和掌权者不能收受贿赂。"不可屈枉正直（*mishpat*），不可徇人的情面，不可收受贿赂，因为贿赂能使智慧人的眼变瞎，也能使义人的话颠倒过来。"（申16:19）穷人付不起钱让立法者和审判官为了他们的利益来决定某些事务，但富人和有权势的人却可以这样做，而正因为如此，上帝特别憎恶贿赂行为，因其把穷人从权力中边缘化。当然，当今社会出现了很多形式的贿赂。例如，穷人不可能为一个立法者的竞选筹款捐赠什么。这些反对贿赂的律法不再有效力了吗？基督徒不应该努力让我们的社会立法反映出这种圣经中的公义吗？当然不是。

让我们记住这些警告和谏言，接下来我们要看看上帝呼召以色列成为怎样的社会，以及我们能从中学到什么。

一个正义的群体

要了解这是怎样一个社会，最好的经文之一是《申命记》15 章。在这里，我们读到两节经文，乍一看它们之间好像存在某种张力。11 节说，"既然在地上必有穷人存在，所以我吩咐你说：'你总要向你地上的困苦和贫穷的兄弟大伸援助之手。'"在这之前，我们读到：

在你中间必没有穷人，因为在耶和华你的神赐给你作产业的地上，耶和华必大大赐福给你。只要你留心听从耶和华你的神的话，谨守遵行我今日吩咐你的一切诫命。（申 15:4—5）

尽管看上去好像矛盾，但实际上并不是。围绕 4 节和 5 节的内容是一套被称为 *shemitta* 的律法，它来自于希伯来文"释放"一词。在这一章起始，我们读到：

每七年的最后一年，你要施行豁免。豁免的方式是这样：债主都要把借给邻舍的一切豁免了，不可向邻舍和兄弟

追讨,因为耶和华的豁免年已经宣告了。(申 15∶1—2)

这里命令要让任何负债的以色列人,在每个第七年的时候都应该得到债务豁免。这项律法不仅要求债主不再索债,而且还让债主归还所有为抵债而收取的抵押物。抵押物一般是一块土地,债主用这块土地的收成来抵债。[2] 这条豁免律法是一项强有力而且很具体的公共政策,其目的就是挪去造成贫困的主要因素,即长期的、沉重的债务。

接下来在 7—11 节中,圣经使用了很多希伯来文的强调句式,在英语中只能用许多副词来表达,比如说"大大地"(第 4 节),"完全地"(第 5 节),"随意地"(第 8 节)和"慷慨地"(第 10 节),大声疾呼人们给予并且帮助穷人,直到他们不再缺乏。

但是,在耶和华你的神赐给你的地上,无论哪一座城里,在你中间如果有一个穷人,又是你的兄弟,你对这穷苦的兄弟不可硬着心肠,也不可袖手不理。你一定要向他伸手,照着他缺乏的借给他,补足他的缺乏。(申 15∶7—8)

穷人获得的不只是一种象征性的"施舍"。相反,我们要借钱给他、帮助他,让他完全脱离贫困。向穷人施行的慷慨之举,只能在这人不再缺乏以及可以自食其力时才能停止。现在我们才理解这段经文为什么会说"在你们中间没有穷人"了。上帝对穷人关切极深,因此他赐下许多律法给以色列,如果得到施行,就可以完全消除一切永久性的贫困阶层。

除了豁免律法之外,以色列还有"拾落穗"(gleaning)律法。地主不能将他们田间所有的谷物收成拾取净尽。他们必须留一些让穷人自己去拾取(利 19:9—10;23:22)。换言之,他们必须自愿地限制他们的盈利行为。但是,拾落穗一般不被称为慈善之举。它让穷人可以不倚靠别人的怜悯而自食其力。但是在另一方面,《申命记》23:24—25 也保护地主不因有人过度拾取麦穗而受亏损。圣经没有任何阶级偏见,绝非把富人视为恶人,而看穷人总是有美德的。

此外,还有十一奉献律法。所有以色列人都要将他们年收入的十分之一交给利未人和祭司,为要保养圣殿。[3]但是每过三年,这些奉献都要放在公共府库中,好让穷人、寄居者和孤儿寡妇可以收取一些(申 14:29)。[4]

最后,还有非常特别的"禧年"。

每七年是一个安息年,人们要免去债务、释放奴隶(申15:1—18)。[5]每七个安息年(即每第四十九年),被宣告为一个"禧年"。在那一年,不仅债务被豁免,而且土地也要回到它最初的支派,就是以色列从埃及进入应许地之后被指定的家族领地。在五十年期间,一些家族可能在经济上更富足,也获得更多的土地,而其他家族可能变得贫穷,需要卖掉土地,甚至有的完全失去土地而成为雇工和仆人。但每五十年一次,土地要回到它原本的主人那里(利 25:8—55)。

布隆贝格写道:"这里是私人产权相对化的最终解释。通常情况下,每个人或家庭至少有一次千载难逢的机会,从零开始,不管他们此前多么不负责任地处理自己的财务状况,或者陷入多么深的债务。"[6]

如果我们把积极慷慨的要求和这里对谋利和财产使用的限制结合起来,就不难理解上帝为什么会说"你们中间不会有穷人"了。这并不等于说不再有人继续陷入贫困。但是,如果全以色列社会全心遵守上帝的律法,他们中间就不会有持续性的、长期的贫困现象。

正义和我们的政见类别

我们现在需要面对一些反对基督徒过多谈论"社会正义"的主要关切点。德阳(Kevin DeYoung)如此阐释这一问题:

> 虽然"帮助穷人、不加害他们"这条原则在圣经中反复出现,且非常明确,但这一原则的应用却并不那么清晰。例如,像《以赛亚书》58 章那样的经文,是否支持由政府发起的重新分配之举呢? 基督徒可以在这一点上有争论,但这段经文并非是在提出一条解决贫困问题的方法。

对于德阳的问题,我们已经考查过的《申命记》15 章和其他摩西律法经文，似乎给出了一个肯定的回答。以色列的确重新分配金钱、财产甚至土地，把富人的分给穷人，而且是借着政府制定的法律和制度来施行的。

但是，正如我们已经指出的，以色列是一个与上帝立约的神权政体。今天已经没有这样的政体了。我们一直主张的观点是，旧约中的一切诫命都仍有某种效力，但在应用上要特别谨慎。例如拾落穗的律法。我没有听说过谁相信圣经要求基督徒把旧约的拾落穗法用在美国社会中。但拾落穗法向我们显明了上帝对我们的社会关系所存的旨意是怎样的呢？为什么地主不被允许将所有收成都收走呢？上帝不希望他们从土地里榨取全部利润，然后以为借着捐献，自己就尽到了促进整个社区福祉的责任。拾落穗法让穷人可以自食其力——不是借着接受施舍，而是借着他们在土地上的劳作。

今天的商业雇主可以怎样遵守同样的原则呢？他们不应该借着向消费者制定最高价格并支付工人最低工资，从生意中榨取最大化的利润。相反，他们应该愿意支付高工资并制定低价格。这实际上是在与雇工、消费者以及他们周围的社区分享企业的利润。这样做总能建立起一种更有活力、更强大的社区。一个政府应该怎样遵循拾落穗的原则呢？政府可以优先实施那些鼓励努力工作和自力更生，而不是让人产生依赖性的方案。

另外一个例子是保罗如何把《出埃及记》16:18 应用在

《哥林多后书》8章。在旷野,上帝用吗哪供应以色列人的物质需要,人们要早上起来收取吗哪。虽然一些人比其他人更有能力拾取吗哪,但所有的吗哪都是公平分布的,人们可以按需取用,使得无人收取太多,也无人收取太少(出16:16—18)。任何私自囤积的吗哪都要腐坏,变成腐臭、充满蛆虫的东西(出 16:19—21)。在《哥林多后书》8:13—15,保罗将此解释为我们在使用上帝所赐物质供应时应当遵守的一条原则。他将我们的金钱比作吗哪。保罗教导说,我们拥有的金钱是上帝的恩赐,正如吗哪是上帝给旷野中以色列人的恩赐一样。虽然一些人更有能力"收取"(他们比其他人更会挣钱),但你所挣来的钱是上帝的恩赐。所以,你必须用挣来的钱建造社区。富有的信徒必须与穷人分享,不仅是在一个教会内部,也应该跨教会分享(见林后8:15 及其上下文)。将这个比喻引申之后,其意思就是,为自己囤积的钱财会腐蚀人的灵魂。

我们通过很多方式看到旧约中关于社会正义的立法具有永久效力,但我们必须认识到,我至此所列出的每一样事物都是推论性的。圣经中对人类生活有很多非常直接、清楚的伦理要求。但当我们考查旧约的社会立法时,则必须小心对待其应用,并且我们应该知道,不是所有人都赞同如此应用。例如,虽然我们看到圣经要求我们与有需要的人分享资源,不这样做有违公正,但从整本圣经来看,关于财物应该怎样重新分配,是没有明确规定的。是应该按政治保守派所要求的,几乎完全自愿地、私下地捐赠?还是应该按政治自由派所意愿的,借着累进税制和政府重新分配?人们在深思熟虑之后,也会争论哪一个才是帮助穷人的最有效方法。双方若想在圣经中寻找支持,也都可以找到,但圣经关于社会正义的内容最终不能与任何单个政治体系或经济政策联系在一起。如果可能的话,当我们更深入探讨圣经对正义的呼吁时,我们需要将政治从这个方程式中拿出来。

布隆贝格在考查摩西律法中关于拾落穗、豁免、十一奉献和禧年的各项法例时,得出结论说,圣经中对财富和财产的态度并不符合民主资本主义、传统君主封建制或国家社会主义制度中任何一个常规类别。圣经律法中有关土地使用的条例,也挑战了所有当代主要的经济模式,它们"提出对以下做法的尖锐批判:(1)中央集权下的经济统制——因其忽略个人因素这一宝贵的财富;(2)不受限制的个人主义——因其为保证个人利益而损害整个社区"。[7]

贫困是怎样造成的?

我们不能把圣经中的做法放在一个自由主义或保守主义的经济模式中,其中一个主要原因是,圣经对贫困原因的理解是极其微妙的。自由主义理论家相信,贫困的"根本原因"总是出于那些穷人所不能控制的社会力量,包括种族歧视、经济匮乏、失业和其他不公正。保守主义理论家指责家庭的解体、人的品格（如节制和自律）的缺失以及穷人自身的一些习惯和做法。

相比之下，圣经中对贫困原因的解释是非常平衡的。圣经给出一系列的原因，其中之一是压迫，包括司法系统偏向有权势的人（利 19:15）、放高利贷的行为（出 22:25—27）或不公正的低工资（耶 22:13; 雅 5:1—6）。但是，当一个社会中出现极端的贫富差距时，先知最终指责的是富人们（摩5:11—12; 结 22:29; 弥 2:2; 赛 5:8）。正如我们所看到的，摩西律法的很多内容，都是为了保持富人和穷人之间存在一般差异性、但不会发展到极端贫富差距而设计的。所以，每当出现巨大差距时，先知假设这在某种程度上是自私的个人主义的结果，是因富人不在意集体的利益。

如果圣经只是这样谈论贫困，我们可能会认为自由派是正确的，即贫困只来自不公正的社会条件。但还有其他原因存在。一个就是我们所说的"自然灾害"。这指的是任何一种把人陷在贫困里的自然环境因素，例如饥荒（创 47章）、伤残、洪水或火灾。此外，我们可以公正地说，贫困也是因为一些人缺乏做出智慧决定的能力。这不是一种伦理上的失误，这些人只是因为缺乏洞见而无法抓住良机。[8]

根据圣经，另一个贫困原因是我们所说的"个人道德缺陷"，如懒惰（箴 6:6—7），以及其他与自律相关的问题（箴23:21）。《箴言》一直肯定，辛勤工作能带来经济富足（箴

12:11;14:23;20:13),尽管存在一些例外的情况(箴 13:23)。

所以,圣经中视贫困为一种特别复杂的现象,常常是很多因素交织在一起。[9]单单通过个人主动性或只借着改变税收结构,是不可能消除贫困的。在一个贫困家庭的生活中,通常是很多因素在互相作用。例如,在某一种族聚居的经济贫民区长大的人(因素 1),健康状况可能很差(因素 2),也会学到一些习惯,不利于促进他的财富积累(因素 2 和 3)。任何一项致力于改善社会贫困的大规模项目,都会涉及一系列不同的方面,如公共的和私下的、灵性的、个人性的和组织性的措施。很多证据表明,学者们正在趋向从一种更平衡、更综合的角度看待贫困,突破了过去那种左右二分的僵局。[10]

一个案例分析

我在第 1 章介绍过的格尼克是巴尔的摩新歌教会和事工的创始人,他给出一个有力的解释:很多贫困的内城社区是由"体制性排斥"造成的。他之前所服事的社区三德镇的历史就是一个例证。在二十世纪早中期,三德镇东面的社区靠近城市中心的工业区,该社区是专门为白人移民保留的居所,而西边的社区也是只让白人居住。种族隔离造成了这一格局。从南部来的非洲裔美国人只能住进三德镇,在那里,他们唯一能找到的工作就是为西边白人家庭做家政服务这种低收入的工作。很多白人雇主的企业根本不愿意雇佣非裔工人，即使有雇佣的，也是让他们做体力活。三德镇的房东把他们安排进拥挤狭小的住房里。"这些因素结合在一起，导致人们生活在温饱线上。"[11]

直到二十世纪七十年代，巴尔的摩市的工业和制造业就业状况急剧下滑。郊区和远郊区才有新工作的机会，而对于很多居住在内城社区的人而言，借助交通工具去这些地方工作或到那里居住，成本过于昂贵，超出了他们的支付能力。而且，这些新增加的工作都需要更高的学历，因为整个职场文化都在从制造业向服务业和知识经济转型。在短短十五年间，城市中要求高中学历的工作（蓝领工作）数量就减少了百分之四十五，而要求高中或大学以上学历的工作数量增加了百分之五十六。[12]可是，对于居住在内城社区的人们，因为他们就读的学校质量差，他们完全不能像社会中其他阶层一样，去适应这种转变。他们能找到的只有低工资的服务业工作，这种工作没有退休金、健康福利，也没有原来制造业工作那种稳定性。对于三德镇居民而言，原来所有那些工资略高一些的制造业都完全消失了，[13]很多人只能放弃找到正式工作的机会。

这一社区的经济萧条使当地的穷人遭受剥削，而这正是圣经所谴责的。房东们并不住在这些社区。他们为租户提供糟糕的服务和住房维护，有的甚至完全不维护这些房子。银行和借贷机构用各种方式对这里的人进行经济歧视,使他们不能得到住房贷款,不能购买保险或拥有信用卡。[14]这里的犯罪率开始上升,而受害者一般都是这个社区的成员。那些对健康社区而言重要的商家都迁走了,取而代之的是一些贩卖枪支、兑现支票、售酒和色情的场所,所有这些都在滋养社区成员中最糟糕的行为。[15]

在二十世纪中后期,政府出台政策,鼓励中产阶级搬离市中心,这进一步孤立了像三德镇这样的社区。例如,一些高速公路被建起,侵入这个城市,好让住在郊区的人开车到市中心上班,但很多这样的项目都分隔或破坏了这些市中心社区,正如卡罗(Robert Caro)那本经典的书《权力掮客:罗伯特·摩西和纽约的衰败》(The Power Broker: Robert Moses and the Fall of New York)中所记载的。[16]

格尼克的研究和叙述提出一个非常有说服力的案例:像三德镇这样一个内城社区的贫困问题,最初不是个人不负责任的行为或家庭解体的产物。一系列复杂的结构性因素导致社区居民被排斥,使他缺少得以繁荣发展的资源。在此之后,非裔美国人从南部移民进入巴尔的摩,很大程度上是因为奴隶制和黑人歧视法(Jim Crow laws)的历史根源。但这些因素带来的结果就是吸毒泛滥、家庭解体、犯罪猖狂、经济低迷、社区解体和个人品格败坏。这就是为什么贫困问题是如此复杂,以至于没有哪个单独的理论可以作出完全的解释。重建一个贫困社区所需要的,也是超过公共政策或社会项目所能带来的,它包括家庭、社区和个人生命的重建。这就是为何格尼克不只是成立了一些社会服务项目,他还创立了一间教会,呼召人们在灵性上归向上帝。[17]

根据圣经,贫困有三大根源:压迫、灾害和个人道德问题。在多次考查圣经中的相关经文之后,我得出的结论是,圣经通常强调宏观的、结构性的因素。世界上有很多国家,由于腐败的政府、压迫性的经济秩序和自然灾害,都让数百万人陷入贫困。在我们自己的国家,社会提供给内城社区青少年的不健全的教育体系,让他们陷入贫困。但是,当我们把个人性的不道德行为和犯罪加入到排斥和压迫这些宏观因素中时,我们就会看到一个强大的综合力量把人们锁在贫困中。一旦穷人被锁进这样的孤立处境,就没有哪个单独的因素(不论是政府项目、公共政策、呼吁人的责任心或个人性的慈善)可以解决这个问题。

"如果他支付不起……"

希伯来圣经中有一个不常读到的地方,就是《利未记》5章,其中有一些要求在会幕中向上帝认罪、献祭的规定,为的是寻求罪得赦免。关于如何赎不同的罪,这里记载了繁多的条例和规定,包括悔罪者应该做什么、要献上哪些种类的动物作为祭物、祭司可以做什么,等等。接着,这段圣经还说,如果敬拜者的经济能力担负不起标准的祭物,他要"带来一公斤的细面作赎罪祭的供物。……祭司为他所犯

的任何一样罪赎罪,他就蒙赦免"(利 5∶11,13)。一本圣经注释书这样说:

一个人若知道自己只需要一杯面粉和认罪就能来到上帝面前,而且仍能蒙上帝赦免,他就学到一样关于上帝恩典的基本道理……就连这地最有权势的人也知道,上帝不为最奢华的献祭所动。……[18]

要记得拉马钱德拉(Vinoth Ramachandra)是怎样说的。在犹太人周边文化的宗教中,神明主要和君王以及其他社会精英结交。这一点也有道理,因为富人可以给神明建造华丽的殿宇,并且献上奢侈的祭物。这也难怪神明偏爱他们了。但圣经中的上帝却完全不同。他没有让每个人带同样种类和价值的祭物,因为那自然会让富人更容易取悦上帝。相反,上帝指引每个人应该按能力献祭,而且如果他们的心是正的,就会蒙恩。因为恩典才是一切的关键。我们慷慨的善行是不能赚得救恩的,人蒙恩唯独是因为上帝那慷慨的爱和怜悯。正因如此,穷人在上帝面前才和富人一样蒙悦纳。是上帝的慷慨,他白白的恩典,给整个社会的正义奠定了根基。甚至在这些看似乏味的规则和会幕仪式的规定中,我们也看到上帝关怀穷人,而他的律法也供应那些弱势群体。上帝对正义的关切主导了以色列人生活的每一部分,也同样应该主导我们的生活。

第3章
耶稣怎样教导正义？

> 耶稣又对邀请他的人说："你设午餐或晚宴，不要请你的朋友、弟兄、亲戚或富裕的邻舍，恐怕他们又回请你，你就得了报答。你摆筵席的时候，总要邀请那贫穷的、残废的、瘸腿的、瞎眼的，那你就有福了。"
>
> 《路加福音》14:12—13

"但那是旧约啊！"

当我还年青，在弗吉尼亚州的霍普维尔，我服事的第一间教会作牧师时，一位抚养四个孩子的单亲妈妈开始参加我们的敬拜。很快人们看出她在经济上很缺乏，教会中有好几个人提议我们帮助她。那时我已经开始与几位执事分享我的博士研究了。我指出历代的教会执事都在这种情况下给人帮助，所以执事们探访了她，而且告诉她教会将为她提供几个月的补助，可以帮助她付清拖欠的账单。她很高兴地接受了。三个月之后，我们得知，她没有用我们给她的钱付清账单，而是把钱花在了买糖果和垃圾食品上，一家人多次去餐馆吃饭，还给每个孩子都买了一辆新自行车。她没有付清任何一个账单，反而还需要更多的钱。

我们教会的一个执事听后非常生气。他对我说："我们不可能再多给她了。这就是她为什么贫穷的原因：不负责任、办事冲动！那是上帝的钱，而她却白白地浪费掉了。"于是我用圣经中要求对孤儿和有需要的人行义的经文劝导他。他说："但那是旧约啊！"他认为今天基督徒的任务是要传播耶稣的好消息。"基督徒不应该关心贫困和社会状况，而是要去拯救灵魂。"

我们一直在论证，圣经呼召我们为穷人辩护、关心穷人，但是我们目前确实只考查了希伯来圣经，就是基督徒称为旧约的圣经。我们教会的执事并不是一个受过训练的神学家，可是他的直觉认识是非常普遍的，即虽然旧约谈到很多关于邪恶和正义的事，但耶稣主要谈的是爱和赦免。尼格伦（Anders Nygren）是一位很有影响力的作者，他写的《圣爱和欲爱》（*Agape and Eros*）出版于二十世纪三十年代。他在学术界有力地提出一个论点："上帝对人的态度不是体现为分配正义（justitia distributiva），而是圣爱（agape）；不是表现为报应意义上的正义,而是表现为白白的给予和赦免的爱。"[1]尼格伦的论点是,对于上帝而言,爱和正义是互相排斥的,它们不能混合在一起。按照这一观点,基督已经赢得了正义,所以现在我们所有的关系都应该建立在自发的爱和慷慨的基础上,而不是建立在正义的基础上。正义完全是关于权利和法律责任的,而基督的救恩是一种恩典,是人不配得的。基督徒不应该关心怎么帮助人们得到他们应有的权利。福音是关于爱和服事的,是关于赦免和关怀人的,不论他们的权利如何。

耶稣和那些软弱的人

这一推理乍看好像很合理。但是,当我们查考福音书时,我们发现耶稣并没有转离旧约中对正义的关切。实际上,耶稣非常关心并爱那些同样类型的软弱之人。我们不能说耶稣的这一关切不是他首要看重的。当施洗约翰的一些门徒来问他是否真是弥赛亚时,耶稣回答说:

你们回去,把听见和看见的都告诉约翰,就是瞎的可以看见,瘸的可以走路,患麻风的得到洁净,聋的可以听见,死人复活,穷人有福音听。(太 11:4—5)

这里我们看到的是同样一种对弱者的关怀,这就是上帝的心肠。虽然很明显耶稣是在向所有人传讲好消息,但是他的事工却从头到尾都显出对穷人和被欺压者的特殊关切,这是上帝一贯的关怀。

耶稣以他道成肉身的样式在穷人中"行走"。他与那些被社会遗弃的人一起生活、吃饭、结交(太 9:13)。他让贫困寡妇的儿子死而复活(路 7:11—16),也向那个被社会遗弃的不道德妇人显出极大的尊敬(路 7:36 以下)。的确,耶稣在公共场合与妇女说话。这是任何一个有社会地位的男子都不会做的事,但耶稣拒绝当时普遍的性别歧视(约 4:27)。[2]耶稣也拒绝顺从当时文化中的种族主义。在他最著名的比喻中,他将一个人们憎恶的撒玛利亚人刻画成故事的主角(路 10:26),他宣称上帝对外邦人的爱和对犹太人的爱是一样的(以撒勒法的寡妇和叙利亚国的乃缦为例),从而引起了一场骚乱(路 4:25—27)。耶稣还特别关注小孩子,尽管他的门徒认为这些小孩不配占用耶稣的时间(路 18:15)。

耶稣在事工中还接触到很多麻风病人。他们不仅患病,而且濒临死亡,他们是被社会所遗弃的人。耶稣不仅满足他们身体得医治的需要,也伸手触摸他们,这可能是他们多年来唯一一次与别人接触(可 1:41;路 5:13)。当他在称赞穷人自身的慷慨时,他是以最强烈、最让人吃惊的方式(可 12:42—43)呼吁门徒要周济穷人。

他自己的母亲预言说,他会"让饥饿的得饱美食",但叫富人空手而归(路1:53)。然而,耶稣也借着接纳不同的人(这些人不只是贫穷)而彰显出真正的正义。他与税吏、富人一起吃饭交谈,这些人正是人们所最为憎恶的,因为他们与侵占此地的罗马人勾结起来争取个人利益。耶稣诞生的第一群见证人是牧羊人,在当时,他们被视为是一群不可靠的人,并因此而饱受鄙夷,但上帝将他儿子降生的真理首先启示给他们。耶稣复活的第一群见证人是妇女,她们在当时也被视为是不可靠的一个群体,以至于妇女是不能在法庭上作证的。但耶稣将自己首先启示给她们。类似的例子不胜枚举。

让我们看看耶稣给他门徒的两条命令。这两条都是关于穷人的。在《路加福音》14章,他挑战人们要定期开仓济贫,帮助那些穷人、盲人和其他残疾人。

耶稣又对邀请他的人说:"你设午餐或晚宴,不要请你的朋友、弟兄、亲戚或富裕的邻舍,恐怕他们又回请你,你就得了报答。你摆筵席的时候,总要邀请那贫穷的、残废的、瘸腿的、瞎眼的,那你就有福了。"(路14:12—14)

约翰·牛顿(John Newton)这位伟大的十八世纪圣诗作者和前奴隶贩子,曾惊叹于这些话的深远意义。他写道:"人们甚至会以为《路加福音》14:12—14不是上帝话语的一部分,在耶稣的教导中,没有哪一段比此处更被他的子民忽视。我不认为宴请朋友是不合乎律法的；但如果这些话不能教导我们认识到：在很多方面，我们的责任是要先去宴请穷人，那我们就不能理解这段经文的意思。"[3]

耶稣这里说的是什么意思呢？在同一章内，耶稣后来告诉他的门徒说，如果他们要跟从他，就必须"恨"自己的父母（路 14∶26）。这听起来让我们很吃惊，但这其实是闪族习语的一种表达。耶稣的意思并不是说我们应该恨父母，因为这会与他自己的教导以及十诫相悖（可 7∶9—13）。恰恰相反，这一表达的意思是，你对耶稣的爱和忠诚应该超越对其他所有人的忠诚，相比之下，其他事物都好像被"恨"一样。这种表述方式有助于我们理解耶稣所讲的有关筵席的比喻。

在耶稣那个时代，社会基本上是在一种赞助人制度（patronage system）下运转。有资源的人会借着开仓和捐赠资源来建立一些有影响力的关系网络，受益者再反过来回赠一些商业机会、政治好处或看顾资助者的利益。在这样一种文化中，筵席是非常必要的。这些筵席虽然很昂贵，但却很划算，因为人们通过这种方式做生意。人们借着筵席来维持现有的资助关系并回报资助人，同时也创造一些新机会。这就是为什么人们只请一些他们的同辈和熟识的人，以及"你那有钱的邻舍"来赴宴。

耶稣的建议看起来更像是一种"经济和社会的自杀行为"。他命令门徒不要与他们同等的（或更高的）社会阶层共享筵席、建立关系，那些人会回报他们；而是要与那些穷人、没有影响力的人分享，这些人永远无法用金钱或其他好处回报他们。但当耶稣说"不要请你的朋友"时，他表达的不是字面意思，就像他说我们应该"恨"父母一样。的确，耶稣也经常与他的朋友和同侪一起吃饭。我们理解这句话的时候，最好将它放在一个更接近现代的场景中，他是说，我们应该把更多金钱和资源花在穷人身上，远超过花在我们自己的娱乐、度假、外出就餐和与重要同侪的社交上。

耶稣直接以惊人的方式挑战他那个时代赞助人制度的精神和做法。他告诉门徒，不能在给予的时候期待有回报（路6:32—36；14:13—14），而且如果可能的话，要在私下捐赠（太6:1—4）。他的门徒在帮助穷人时的动机，应该是单纯的正义感（例如，路18:1—8），以及为减轻他人悲苦的真实关切（例如，路10:25—27，即"怜悯心肠"）。那时的赞助人制度既没有怜悯，也没有正义。它不能将一个被阶层和种族隔离开的社会凝聚在一起，而只是维持一种现状。耶稣那爱的伦理所攻击的，正是这一世界制度的本源。

在第二段经文中，耶稣劝诫他的门徒说，"当变卖你们所有的施舍给人，为自己制造不朽坏的钱囊，积蓄用不尽的财宝在天上，就是贼不能近、虫不能蛀的地方。"（路12:33）他也告诉一个富有的青年官去变卖他所有的，捐给穷人（太19:21；路18:22）。对于这样的强制命令，我们应该说些什么呢？可以说，耶稣给那位富有青年官的命令，并不是放之四海而皆准的。作为证据，我们可以看到耶稣与富有的税吏撒该的相遇。撒该在归信之后，欢喜地告诉耶稣说，他要把自己一半的财富都捐给穷人。耶稣的回答是正面的。他没有说"不，那还不够"。那么，耶稣这些劝诫的意思是什么呢？这至少包括：他的门徒不应该将财物视为己有，而且他们应该更深入地参与帮助穷人的事工，并慷慨地捐赠给他们。

耶稣和先知

耶稣不仅拥有旧约中为弱者谋福利的热心，他也认同先知们所做的，也就是将对正义的关切作为衡量内心的尺度，视其为真信心的标记。乍一看，恩典和正义这两样事物截然相反。恩典是给人不配得的益处，而正义是给人们应得的。在基督里，我们领受恩典，即不配得的恩惠。尽管这样，在旧约先知的头脑中以及在耶稣的教导中，与恩典相遇，必然会带人进入行义的生活之中。

先知以赛亚、耶利米、撒迦利亚和弥迦，他们都曾指责同一样罪，即当人们参加敬拜、遵守所有宗教规条、也以他们的圣经知识为傲时，他们却欺负软弱者。先知们指责说，他们的宗教活动不只是不够，而且是对上帝极大的冒犯。《以赛亚书》1章和58章的信息令人恐惧：

你们张开双手的时候,我必掩眼不看你们;即使你们多多祷告,我也不听;……学习行善,寻求公平,指责残暴的人,替孤儿伸冤,为寡妇辨屈。(赛 1:15,17)

我所拣选的禁食不是这样吗?不是要松开凶恶的锁链,解开轭上的绳索,使被压迫的获得自由,折断所有的轭吗?不是要把你的食物分给饥饿的人,把流浪的穷困人接到你的家里,见到赤身露体的,给他衣服蔽体,不可逃避自己的骨肉而不顾恤吗?(赛 58:6—7)

这一指责的含义非常明确。正义不只是人在宗教行为之上添加的一样事物。缺乏正义是一个记号,表明敬拜者的心与上帝之间并没有达成一致,以及他们的祷告和所有宗教活动都充满了自我和骄傲。在《以赛亚书》29:21 中,当人们被指责"屈枉义人"时,上帝的结论是,"这子民……用嘴唇尊崇我,他们的心却远离我"(赛 29:13)。

在《马可福音》12 章耶稣对宗教领袖的批评与此相同。他说:"你们要提防经学家,……他们吞没了寡妇的房产,又假装作冗长的祷告。这些人必受更重的刑罚"(可 12:38,40)。在他们过度遵守宗教礼仪背后,是对弱势群体的漠视。在耶稣看来,这表明他们根本不认识上帝和他的恩典。[4]

耶稣与先知所传讲的前后呼应。这一点可以更明显地从《路加福音》11:38—42 看出来。耶稣转眼看法利赛人,他描述他们是"满了抢夺和邪恶"(39 节);他们非常虔诚，但他们忽略了"公义和爱神的事"(42 节)。[5]像以赛亚一样，耶稣教导说，缺乏对穷人的关切不是一项小的过失，而是显明一个人的"属灵罗盘"(他的心)存在非常严重的问题。他提出一个让人吃惊的解决方法，"只要把里面的施舍出去，你们的一切就都洁净了。"(路 11:41)这一比喻非常惊人。圣经学者格林(Joel Green)这样解释说："一个人如何处置他所拥有的财物，他的心便如何。"[6]心灵借恩典得洁净与爱穷人这二者是一体的，它们在耶稣的神学中是并行的。

耶稣的教导中与《以赛亚书》1 章和 58 章最相似的经文，可能就是《马太福音》25:31—46"绵羊和山羊"的著名比喻。在那里，耶稣将审判日比作牧羊人要从羊群中挑出山羊来，并把它们赶走。他教导说，到那天，会有很多人声称相信他，但却被他拒绝。他坚持说，真正属于他的羊，会有心去关怀"弟兄中那最小的一个"。耶稣把这"小子"定义为饥饿的、寄居的、赤身裸体的、有病的和在监里的(35—36节)。如果我们假设耶稣用"弟兄"一词只是一般的说法，即指的是信徒，那么他所教导的即是要基督的真门徒建立起一个新社区，这个新社区不能把穷人、其他种族和无权无势者排斥在外，而是要舍己，实实在在地满足他们的需要。[7]

耶稣给门徒开了一个事工列表。他们应该给饥饿的人提供饮食，这意味着紧急救援。但对于那些"寄居者"，就是移民和难民，他们要向其提供的不只是食物，而是要"邀请他们到家里来"。他们不能只是提供住处,而是要欢迎这些人进入他们的家庭和生活中,这暗示的是给予这些寄居者辩护、友谊,以及在一个社会中开始新生活的基本要素。那些赤身露体的更接近于我们称为无家可归的人,是穷人中的穷人。门徒们要给他们"穿戴"。他们还要"看顾"病人。这里用的希腊文是 episkopos,意指给予看顾和照管。这意思是说,生病的人应该得到全面的关怀,直到他们康复。最后,门徒被要求去"看望"那些坐监的,给他们送去安慰和鼓励。这是一个非常全面的列表。耶稣告诉他们,这才是真门徒应该建立的社区。信徒应该向彼此开放他们的家庭和钱包,让最贫穷的人和异乡人进入他们的家庭和社区,给他们经济上的援助、医疗、住所、辩护以及主动的爱、支持和友谊。

但耶稣这段话中更让人吃惊的还有一样。耶稣并没有说,为穷人做这所有的事,是得到救恩的途径;他是说,这是你已经得救的记号,即是表明真实的、得救的信心应该已经在人里面了。[8]他是如何显示这一点的呢?他对绵羊说:"当你接待穷人的时候,你就接待了我。"他对山羊说:"当你忽视穷人的时候,你就忽视了我。"也就是说,一个人心里对穷人的态度,显明他对基督的态度。耶稣的意思是,"如果你向他们敞开自己的心和生命,那么我就知道,你已经将心和生命向我敞开了。如果你不向他们敞开,我就知道,你也没有向我敞开。"没有一颗爱基督的心,就会对弱者和有需要的人冷淡。为什么?答案要等到第 5 章揭晓。在这里,我只能指出这一教导的意义。任何人若真正被上帝的恩典触摸到,他就会极力帮助穷人。

一整块布

在《马太福音》和《路加福音》中,耶稣发表了一篇著名的讲道,通常被称为"登山宝训"。千百年来,读者们都认识到这篇信息中有极高的道德标准。但不常被人留意到的是,耶稣如何把今天我们称为个人道德和社会正义的内容交织得天衣无缝,好似一整块布。人们熟知的禁令包括禁止有淫念、禁止通奸和离婚,除此之外,耶稣还呼吁人们要周济穷人(太6:1—4),以及远离过度操劳和物质主义(太6:19—24)。

在西方社会中,这些关切经常被彼此分隔开来。实际上,美国的主要两大政党都在这些伦理要求上建立了自己的立场,但又排斥另外一种主张。保守主义强调个人道德(特别是传统的性道德和努力工作的品格)的重要性,他们认为自由派在种族主义和社会正义方面的主张太过头了。自由主义则强调社会正义,认为保守派对道德美德的强调过于拘谨,而且在心理上是有害的。当然,每一方都认为对方自命不凡、自以为义。

不能反映这完整的圣经议题的,不仅仅是政党。美国的教会也常常被周围的政治文化所左右,而不是被耶稣和先知的灵所引导。保守派教会倾向于关注某一些罪,而自由派教会则关注另外一些。耶稣和旧约先知一样,并没有看到两类道德。在《阿摩司书》2:7 我们读到,"他们践踏穷人的头,好像践踏地面的尘土;……儿子和父亲与同一个女子亲近。"先知以几乎同样的口吻谴责社会不公和性放荡(赛 5:8)。这样的谴责贯穿于目前所有的常规政治主张中。但是,圣经认为性方面的不道德和物质方面的自私都缘于人以自我为中心,而不是以上帝为中心。

冯(Raymond Fung)是香港的一位传道者,他讲述了自己如何向一位纺织工介绍基督教信仰,而且鼓励他去拜访一间教会。这个人若参加主日崇拜,就可能被扣掉一天的工资,但他还是去了。在崇拜过后,冯与此人共进午餐。这个工人说,"嗯,讲道让我很有感触。"这天的讲道是关于罪的。他继续说,"传道人所说的,的确是我的问题:懒惰、脾气暴躁、沉溺于庸俗的娱乐。"冯屏住呼吸,尽量掩饰住自己的激动之情。难道是福音的信息起到作用了? 但接着他很失望地听到这个工人说,"但没有人指出我老板的罪。"当传道人列举罪的清单时,"他丝毫没有提到有人如何雇佣童工、不按法定劳动日让工人休假、使用虚假的标签、强迫工人加班等等。"冯知道,教会会众中有很多管理层人士,但这些罪却从未被提起过。这位纺织工承认自己是一个罪人,但他因为感觉到教会所讲的信息不完整而拒绝它。康恩在他的一本书中引用了这个故事,并且谈到,福音的传讲若只针对一些罪,而不提压迫之罪,"就不可能在世上绝大多数人(就是那些贫穷的农民和工人)身上起作用。"[9]

耶稣的新群体

早期教会回应了耶稣对正义和怜悯的呼召。使徒保罗将服事穷人的工作看得如此重要,以至于这是保罗在永远离开以弗所教会之前,嘱咐他们要做的最后一件事。在告别演讲中,保罗将这一责任建立在耶稣教导的基础上。他说:"你们必须照样辛劳,扶助软弱的人,并且记念主耶稣的话:'施比受更为有福。'"(徒 20:35)人通常不会在"最后的话"中说一些不太重要的事。对于保罗来说,这件重要的事就是:"不要只传道,还要帮助穷人。"

虽然教会不再像以色列那样是一个民族国家,但是新约作者却都意识到,摩西律法中对公正和怜悯的关切,可以用不同方式应用到教会群体中。很多摩西律法都是为了缩减贫富差距而设立的。从"禧年"的律法(利 25 章),到收取吗哪的规则(出 16 章),一个原则就是要促进"平等"。当保罗写信给哥林多教会,要他们给巴勒斯坦一些饥饿的基督徒奉献时,他引用了《出埃及记》16:18 的经文,并且说:"现在你们富裕,就要补助他们的缺乏,到了他们富裕的时候,也可以补助你们的缺乏,这样就均等了。"(林后 8:14)

新约《雅各书》中有对守财者最严厉的谴责。雅各对富人说："你们富有的人哪，应当为那将要临到你们的灾祸哭泣哀号。你们的财物朽坏了，你们的衣服给蛀了，你们的金银生锈，这锈要成为控告你们的铁证，又要像火一样吞吃你们的肉。你们竟然在这末世积聚财宝。看哪，工人为你们收割庄稼，你们竟然克扣他们的工资；那工资必为他们呼冤；收割者的呼声，已经达到万军之主的耳中了。你们在世上穷奢极侈，养肥了自己，竟不知屠宰的日子到了。你们把义人定罪杀害，但他并没有反抗。"（雅 5：1—6）这呼召也同样出自《以赛亚书》、《耶利米书》和《阿摩司书》。

他们中没有缺乏

《使徒行传》一书让我们最全面地看到早期基督徒如何在一起生活。最早的描述出现在《使徒行传》2：42—47。圣灵在《使徒行传》2：38 被赐下，带来的结果是 koinonia，这是一个被人们所熟知的希腊文单词，通常被翻译成"团契"。但是，这个词的意思也在 44—45 节得以解开："所有信的人都在一起，凡物公用，并且变卖产业和财物，按照各人的需要分给他们。"根据《使徒行传》2：41，最初归信的有三千人，这意思肯定不是说他们形成了一个公社，并且实际上住在一起。后来在《使徒行传》4 章我们得知，那些在财力和财产上富足的信徒都卖掉产业，奉献给了使徒们，然后由使徒将财物分给社区中的穷人（徒 4：34—37）。因着这种彻底

的慷慨行为，

他们中间没有一个有缺乏的，因为凡有田产房屋的都卖了，把得到的钱拿来，放在使徒脚前，照着各人的需要来分配。(徒 4:34—35)[10]

这句话的意义比它看上去的意思更重要。要记得，在一段重要的旧约经文《申命记》15 章，上帝宣告说，如果他的子民遵守他们应当行的，他们中间就不会存在永久性的贫困。"在你中间必没有穷人"(申 15:4)。这是旧约律法中"社会公义"的高潮，它表达出上帝对弱者的爱，以及他希望看到贫困被铲除的热切愿望。所以，《使徒行传》4:34 是直接引用了《申命记》15:4，这一点非常重要。"路加在刻画圣灵所带领的社区形成之初时，选择直接引用旧约(申 15:4)的话，这不是偶然的做法。"[11]在《申命记》中，信徒被呼召要向有需要的人伸出双手，供应他们所需要的，直到他们可以自立为止。新约也呼召基督徒做同样的事(约一 3:16—17;参申 15:7—8)。

《使徒行传》让我们更多看到早期教会中的爱和正义。正如在旧约中，一批特殊的负责人被分别出来帮助有需要的人(祭司和利未人)，新约也是如此，一些人被分别出来施行同样的工作。耶路撒冷的教会开始了一项名为"每日服事"(daily diakonia)的事工(徒 6:1)。教会每日分发食物和其他资源给贫困的寡妇，她们受到教会完全的资助。这一事工增长很快，直到变得太庞大、太复杂，以致长老们难于管理，所以他们就分别出另外一个新的群体来带领这事工。在保罗书信中，这些带领人被称为"执事"（腓 1：1；提前 3：8—13）。希腊文 diakonia 一词，在新约中的意思是"谦卑服务于实际需要"，而"服事性的事工"是早期教会社区生活的一个关键部分。

基督徒肯定要关怀信徒社区内弟兄姊妹的物质需要，但与此同时，他们是否有义务去看顾他们穷困的邻舍，就是世上的穷人呢？的确，旧约的社会立法主要是要求犹太人关怀信徒社区内那些有需要的人。而且，新约中大多数慷慨的例子，也都是讲到关怀教会内部的穷人，如支持寡妇（徒 6：1—7；提前 5：3—16）。就连耶稣讲的绵羊和山羊的比喻，在涉及看顾他人时，指的也是被耶稣称为"弟兄中最小的"人，可能就是指贫困的信徒。很多这样的例子都是大家有目共睹的。我们首先要负责的是自己的家庭和与家人的关系（提前 5：8），其次我们要看顾信仰群体里的其他成员（加 6：10）。

但是，圣经很明确地提出，基督徒实际的爱和他们慷慨的正义，不能只局限在那些像我们一样信主的人内部。保罗在《加拉太书》6：10 提出一种平衡的做法："我们一有机会，就应该对众人行善。对信徒更要这样。"要帮助"众人"不是一样可选择的事，而是一条命令。我们不需要看新约就能明白这一点。希伯来先知为之辩护的四类群体中,一类人就是外来移民。虽然居住在以色列的外邦人可以皈依犹太教,然而,给他们提供居所、保护他们的合法权利,这些并不以他们的归信为条件。这显明以色列人的正义和怜悯不局限于他们自己信仰群体内部。

但是,关于何为爱自己的邻舍,耶稣讲论中最著名、最有力量的,则是好撒玛利亚人的比喻(路 10:25—37)。那一段重要信息,值得我们用另外一章的篇幅来讨论。[12]

第4章

正义和你的邻舍

你想,这三个人,谁是那个落在强盗手中的人的邻舍呢?

《路加福音》10:36

谁是我的邻舍?

那个让我教会的执事们非常灰心的单亲妈妈,正是我们教会的邻舍。她租住的那间小房子,离教会只有几步之遥。就连对她的行为持最负面评价的执事,也仍旧感到有某种责任去帮助她。为什么呢? 因为圣经中的主题之一,就是信徒应该爱他们的邻舍。这是摩西律法的一部分(利19:18),而且这节经文在新约中被反复引用(太5:43,19:19;罗13:9;加5:14;雅2:8)。但是在指引基督徒应该如何对待他们邻舍的经文中，最重要的还是好撒玛利亚人的比喻。[1]

在《路加福音》中，一位熟知圣经律法的教师在公众面前站起来问了耶稣一个问题。路加告诉我们，这位律法师想要试探耶稣，陷害他。或许他已经看到很多不敬虔的人围绕着耶稣（路 15：1—2），这些人在他们生活的任何方面都根本不像法利赛人和其他宗教领袖一样遵守律法。这个人可能在想，"这是一个完全不尊重上帝律法的假教师，不知道以色列人必须遵行上帝的律法。"所以他才问耶稣，"我应该作什么，才可以承受永生？"（路 10：25）他本来期待耶稣说些"哦，你就是需要相信我"之类的话，那样就显明他对完全顺服上帝的律法毫不在意。但耶稣却用一个问题来回答这个人："律法上写的是什么？"要回答这样一个问题，唯一的做法是花一周时间背诵整个摩西律法条例，或给出对摩西律法的总结。这个人认为耶稣是指后者。人们一般理解的是，整本圣经中的道德律可以归结为两大诫命——"全心、全性、全力、全意爱上帝"，以及"要爱邻舍如同自己"。律法师背诵出了这两条。耶稣回答说："你答得对，你这样行，就必得生命。"耶稣的意思是，只要完全遵守这两条诫命，人就可以有永生。

这是一个精彩的回答。道德主义（即你可以借着善行和道德努力来挣得上帝的救恩）的问题之一就是，它非常伪善。它不能达到它自己的标准。法利赛人集中精力去遵守上帝律法的细节。有一次耶稣对宗教领袖们说:"你们把薄荷、茴香、芹菜献上十分之一。"(太 23:23)也就是说,为了遵守上帝律法中要献上收入十分之一的诫命,他们非常仔细地将园中的菜都捐出十分之一。他们如此殷勤地将自己献给上帝,以此安慰自己,认为他们是在使自己被上帝所悦纳。

但在这里,耶稣用他们自己的游戏规则击败了他们。实际上,耶稣的信息是这个意思:"你真的看到上帝借着这些具体的律法所要求的那种公义生活吗?你确实看到上帝向你要的是什么了吗?你是每一天每一分钟都竭尽所能在爱上帝吗?你是在满足自己需要的时候,也满怀喜乐、满有力量和不厌其烦地去满足你邻舍的需要吗?这才是你欠上帝和其他人的那种生命。上帝创造了你,而且每一刻都在护理着你的生命。他已经赐给你一切,所以你必须先给他一切,才是公平的。如果你可以先给上帝这样一种生命,那么你肯定可以承受永生。"

当然,这一高标准是不可能达到的,不过这才是问题所在。耶稣叫这个人看到律法所要求的是完全的公义,以便让他看到自己最终是无力达到的。换言之,耶稣在试图用这个人如此熟知的律法,让他看到自己的罪,看到自我救赎的不可能性。耶稣实际上是在说:"我的朋友,我很认真地对待律法,比你还要认真。如果你能做到律法所要求的,你就可以存活。"他是在试图让这个人谦卑下来。为什么呢?这是因为,我们只有在上帝的律法中真正看到他所要求的爱是怎样的，才会愿意、也才能够领受上帝在福音中所显明的爱，就是借着耶稣所赐下的白白的救恩。耶稣在鼓励这个人寻求上帝的恩典。

律法师被耶稣的回答震惊了。这段经文告诉我们，"那人想证明自己有理"。当然，耶稣早就看出来他内心的这个企图，但耶稣最初的回答还不足以拆毁他那自义的工程。虽然他感到耶稣的论证有道理，他还是想用另外一种方法来为自己的思维方式辩护。他反问："谁是我的邻舍呢？"（路 10：29）

这里的含义很明显。他等于是在说，"好吧，耶稣。我知道我要爱邻舍，但这究竟是什么意思呢？而且邻舍指的是谁呢？"换言之，这位律法师希望将这一命令削弱一些，以便人可以更容易做到，而且也不干犯他自己靠行为称义的做法。他暗含的意思是，"你一定不会是说我要爱每一个人、满足每一个人的需要吧！"

好撒玛利亚人

作为回应，耶稣讲了好撒玛利亚人的故事。一个犹太人骑马经过一个偏远的山区，他在那里遭到抢劫、暴打并被丢弃在路边，奄奄一息（30 节）。先是一个祭司路过，然后是一个利未人（即圣殿里祭司的助手）路过。这些人本应该停下来施以援助，因为这犹太人是他们同一信仰的弟兄。

但是,他们都"从旁边走过去了"(32 节),可能是因为他们担心在一条荒无人烟、劫匪出没的路上停下来是一件非常危险的事。

接着,一个撒玛利亚人也路过那里。撒玛利亚人和犹太人是最敌对的两个族群。犹太人把撒玛利亚人视为种族上的"杂种"和宗教上的异端,所以他们彼此之间有很大的敌意。但当撒玛利亚人看到路边的这个人时,他"就动了怜悯的心"(33 节)。他冒险停下来,给这个人施以紧急救护,并且将他带到一个旅店中。他还付钱给旅店主人,要他照顾这个人,直到他完全康复。这肯定是一笔不菲的开销。

耶稣讲这个故事是什么意思?他在对以下问题——爱你的邻舍是什么意思?爱的定义是什么?——给出一个激进的答案。耶稣在回答的时候刻画出那个好撒玛利亚人,他在物质上、身体上和经济上都满足了别人的需要。对耶稣而言,关切人的物质和经济需要并不是一项可供选择的做法。他不允许律法师将这条爱的诫命的意义加以限制。他回答说,这意味着要舍己地对待弱者,正如那个撒玛利亚人冒着生命危险在路上停下来救助一样。

然而,耶稣不仅禁止我们限制爱的方式,也禁止我们限制爱的对象。我们很容易把我们的邻舍想成是一群和我们同属一个社会阶层,或与我们富裕程度相当的群体(参路14∶12)。我们本能地限制自己去爱那些与我们不同的人。我们会服务那些像我们的人,或是那些我们喜欢的人。耶稣却不支持所有这些想法。借着刻画一个帮助犹太人的撒玛利亚人，耶稣用一种最有力的方式宣告，邻舍包括所有那些有需要的人，不分种族、政治、阶层和宗教信仰。不是每个人都是你信仰中的弟兄或姊妹，但每个人都是你的邻舍，而你必须爱你的邻舍。

对耶稣的反对意见

多年以来，我都会讲述这个比喻，而它也总是会引出很多问题和反对意见，其中一些就像这位律法师可能提出的。在回应这些问题方面，没有谁比爱德华兹对我更有帮助了。他在 1729—1751 年间担任马萨诸塞州南安普顿市一个教会的牧师。虽然他的作品年代已经很久远了，但他提出的问题和给出的回答都非常适用于今天的处境。

爱德华兹当时也认识到了在他那个时代中逐渐加剧的贫困和社会阶层分化的现象。[2]导致这个现象的一些原因是出于社会经济因素。到 1730 年为止，镇上可用的土地大多被分掉了，这让很多新来的人或年青家庭很难在经济上立足。借债方和债主之间的矛盾、长期住户和新住户之间的矛盾、老一代和青年一代之间的矛盾都在剧增。但爱德华兹同时也相信，富人和穷人之间的矛盾，背后有属灵的原因。他在 1733 年的一篇讲道，题为"对穷人行善的责任"。[3]"邻舍"一词在这篇讲道中出现近六十次，这是在教会信徒中最透彻地应用好撒玛利亚人比喻的讲道之一。[4]过去,每当爱德华兹在讲道中谈及与穷人分享财物的责任时,总会有人提出反对意见,而这一讲道的核心就是针对最常见的反对观点作出一系列的回应。所有这些反对观点都是要对圣经所提到的爱邻舍的诫命加以限制。

一种反对观点是,"虽然穷人有需要,但他们还不至于处在极端贫穷中(即他们还不是赤贫)。"我记得我们教会的一个会友就用类似的方式回应过我的一篇讲道。他说:"我们这一片的所有穷人,家里都有很好的电视机。他们并没有在挨饿。"但爱德华兹说,这种冷酷无情的态度有悖于圣经中爱人如己的诫命。他说,既然我们不会等到自己处于"赤贫"才去改善状况,那么为什么我们要等到我们的邻舍挨饿才施以援手呢?[5]爱德华兹更进一步问基督徒在这样说的时候,是否还记得我们应该像耶稣爱我们那样去爱别人。"基督徒的灵性会让我们在看到邻舍处于任何难处时,都愿意去同情他们……我们应该对其有一种爱的精神,以至于我们因其所受的患难而感到自己在受苦。"[6]基督真实地经历了我们所经历的,进入我们的苦难当中。那些直到穷人困难到极点才施以援助的人,说明基督的爱还没有将他们转变成富有同情心的人,而福音本应该让人变成这样的人。

另外一种反对观点来自这样的人——他们会说,"我没有什么可以给他们的。"他们说自己的需要还有待满足呢。

但好撒玛利亚人的比喻传递出的功课之一就是，真爱包含冒险和奉献。爱德华兹回应说，当你说"我不能帮助别人"时，通常你的意思是，"我不能让自己处于因帮助别人而惹上麻烦的地步，这会影响到我自己的生活。"但是，爱德华兹认为，这恰恰是圣经中的爱所要求的。他写道：

按福音的要求，我们在很多情况下应该有责任即使自己受苦也要给予别人。……如果我们邻舍的困难和需求比我们自己的更大，而且我们看到他们不太可能脱离这些苦境，我们就应该愿意与他们一起受苦，而且替他们背一部分重担。否则，我们怎能行出要彼此担当重担的命令呢？如果我们从来都没有责任去减轻别人的重担，而只是在我们自己不麻烦的时候才去行，那我们如何分担邻舍的重担呢？我们肩上根本没有重担。[7]

爱德华兹还提到其他两种反对观点。一种观点说，"那个穷人脾气很差，而且毫无感恩之心"；另一种观点说，"是他自己导致他如此贫困的，都是他自己的错误"。这些都是帮助穷人时会出现的问题。正是这些观点才让一些执事反对继续资助那位住在我们教会旁边的单亲妈妈。我们都希望帮助一些善良、正直的人，他们的贫困不是因为愚蠢或他们自己的原因造成的，他们会对我们的帮助报以感恩和喜悦。但是，这样的人几乎不存在。正如我们在第 2 章所看到的，贫困的原因非常复杂，交织在一起。我们对穷人的资助要真能帮助他们，而且不要使他们产生依赖性。这虽然很重要，但爱德华兹却直接谈到福音本身，让这些反对意见显得无法成立。

有人说，很多穷人不具备正直的道德品格。在回应这种观点时，爱德华兹反驳说，我们也不具备，然而基督却为我们舍弃了自己：

> 尽管我们恨人、倾向于犯罪并且不配得任何好处，基督却爱我们、善待我们、愿意减轻我们的重担……所以我们也应该善待那些不配得的人。[8]

当有人说是穷人自己造成了他们的处境时，爱德华兹的论述非常平衡，但又坚持需要慷慨。他指出，一些人可能"天生不具备经营能力"。换言之，一些人总是会在金钱和财物方面做出一些认真却很糟糕的决策。爱德华兹说，我们应该考虑到，有这种能力缺陷的人，就像生来视力不好的人一样：

> 这种能力是上帝赐给我们的，却没有给其他一些人。这不是我们自己具有的……这就好像，那些蒙上帝赐好视力的人应该愿意去帮助一些视力不好的人一样，让这人也

能具有和别人一样的视力。没有人凭自己会有好的视力。
……9

但是,如果他们的经济困难是直接与他们的自私、懒惰
或暴力行为有关呢? 正如爱德华兹用他那时代的语言所论
述的,如果"他们是因为过分懒惰和浪荡才陷入穷困的呢"?
他反对说,"我们不能以此为借口,推卸帮助他们的责任,除
非他们继续沉溺于这些罪恶中。"接着他解释了原因。基督
在我们里面也看到同样的状况。我们的灵性破产是因为我
们自己的罪,但他还是来了,而且赐给我们所需要的。

福音的准则指引我们要饶恕他们。……[因为]基督已
经爱了我们、怜悯了我们,而且极大地摆上自己来救我们脱
离困苦和悲惨,这些都是我们自己的愚蠢和邪恶造成的后
果。我们愚蠢地、反常地将上帝供应我们的这些财富弃之
不顾,我们本可以依赖这些财富活着而且永远喜乐。10

至此,读者可能发现这论证中的一个漏洞。爱德华兹
说,如果一个人继续作恶、延续他之前的行为,我们就不应
该继续帮助他。但爱德华兹还有最后一个理由。这个人的
家人怎么办呢? 他说,有时我们需要资助一些家庭,即使这
些家庭的父母不负责任,但为了孩子,我们还是应该帮助他
们。"如果他们还继续走老路,然而我们帮助他们的家人,

就不可避免地会让他们沾光,但是这点不应该成为我们行善的一个拦阻。"[11]

我借用爱德华兹的这一点论证,让我们的执事继续帮助那位单亲妈妈。随着时间流逝,执事们越来越清楚地了解到,她之所以会把教会资助的钱都花在餐馆和新自行车上,是因为她感到亏欠自己的孩子,让他们过得如此贫穷。"在这个城市当单亲妈妈非常困难。我买不起其他孩子有的好东西给他们。"当她拿到教会资助的钱时,她很难抗拒带孩子们出去吃饭和给他们买新自行车的诱惑,因为这让她的孩子们感到他们是一个正常的家庭。

当我们开始用这样一种眼光来看她的时候,不仅她的行为可以理解了,而且我们的心也被打动了。她的行为不只是出于自私。尽管如此,她还是没有持守对我们的承诺,我们指出她的这种做法缺乏远见。她需要尽快脱离那些最紧急的债务,如水电费、房租和医疗费用。接着她需要计划学习更多的技术,找到一个更好的工作。要给她的孩子提供一种更好的生活,她需要有一个计划,也需要实施这个计划所要求的自律。我们愿意帮助她开始一个长期的计划,如果她愿意负责任地与我们一起努力的话。但是,执事们认识到她的孩子需要很多支持。他们需要"大哥哥"和"大姐姐"、家庭教师和辅导员,这些人不能替代他们母亲的爱,但却可以帮助他们学习尊敬她。换言之,这个家庭需要的不只是经济上的补助。

她同意与执事们一起努力，而且在很长一段时间之后，这个家庭的状况开始改善了。如果没有好撒玛利亚人的比喻，以及爱德华兹那透彻的、深思熟虑的原则应用，我们的教会可能会错过这一次机会。我们可能会说："当你说要爱邻舍时，你指的不可能是她吧？"

伟大的撒玛利亚人

耶稣在他的比喻中采用了一个精彩的"转折"，就是把一个犹太人放在故事中。要记得，耶稣当时正向一个犹太律法师讲述这个故事。想像一下，如果耶稣讲的是这样一个比喻，效果会是如何呢？

一个撒玛利亚人被暴打至半死，躺在路上奄奄一息。接着，一个犹太人来到这条路上。他看见这人，就动了怜悯的心，而且服事他。

律法师和其他犹太听众听到这样一个比喻会是怎样的回应呢？他们很可能会说："这是多么荒唐的故事！没有哪个自重的犹太人会做这样一件事。我早就料到你会这样。你把一些不切实际、令人无法忍受的命令加在人身上。"

但是耶稣恰恰是把一个犹太人放在路上，作为受害者。换言之，他让每一个听他讲述的人，都想象自己是那个暴力的受害者,快要死了。如果这位好撒玛利亚人不停下来帮助他的话,他就死了。如果是你的话,你想要那个撒玛利亚人怎么做呢? 难道你不希望他把你当做邻舍对待吗,哪怕要冲破所有种族和宗教的障碍? 你当然希望。耶稣就好像在说:想象一下你自己被打成半死的样子,躺在路旁。如果你唯一能指望得到帮助的人,非但不是一个亏欠你、应该帮助你的人,反而实际上是一个可以恶待你的人,你会怎样呢? 如果你唯一的盼望就是从这个人那里得到恩典,而他其实完全可以根据与你的关系践踏你,你会怎样呢?

所以,耶稣用一个问题结束了这个故事:"对于路上这个人而言,谁是他的邻舍?"律法师必须承认说:"是那怜悯他的。"(37 节)他必须承认,如果他是路上那个有需要的人,而且从一个本以为会恶待他的人那里,领受了邻舍之爱,他也会接受这份爱的。只有这时,耶稣才说:"你去,照样作吧。"他已经澄清了自己的观点,而律法师并没有再作回应。你的邻舍就是任何一个有需要的人。

但律法师无法从我们的观点来看这个问题。根据圣经,我们都像那个躺在路上的半死的人。从属灵的角度看,我们是"因过犯死了"(弗 2:5)。但耶稣进入了我们这个危险的世界,他走到我们的路上来。而且,虽然我们是他的敌人,他还是因为我们的苦境动了怜悯的心(罗 5:10)。他来到我们身边并拯救了我们,不仅冒着生命的危险,像撒玛利亚人一样,而且付上了自己的生命。在十字架上,他付上了我们永远不可能自己付清的债。耶稣是那个好撒玛利亚人所指向的伟大的撒玛利亚人。

在你可以对别人付出邻舍之爱以前，你需要先领受到它。只有你看到自己是被别人施恩并救赎的，而这人本来有理由恶待你，你才会去找到任何一个有需要的人，并竭力帮助他们。一旦我们领受了借着耶稣而来的这种终极的、彻底的邻舍之爱，我们就能开始做圣经呼召我们成为的邻舍。

第5章

我们为什么要行义？

如果有弟兄或姊妹缺衣少食，而你们中间有人对他们说："平平安安地去吧！愿你们穿得暖，吃得饱。"却不给他们身体所需用的，那有什么用处呢？照样，如果只有信心，没有行为，这信心就是死的。

《雅各书》2：15—17

我们在 1989 年举家搬到曼哈顿去植堂，就是救赎主长老教会。因为这是一个全新的教会，又处于一个非常世俗化的地区，很多来到我们教会的人，都没有任何教会经历。一位非常富有的女士发现她的新信仰为她带来一些关于种族和阶层的观念。具体来说就是，她意识到自己与贫穷的基督徒有更多共同点，多过与那些和她同阶层的人。实际上，她在贫穷的信徒中看到一种对上帝的爱以及一种智慧，让她时常觉得自己略逊一筹。任何一种对穷人的优越感甚或恩主般的同情心都开始从她心中退去。

怎么会这样呢？耶稣的福音所带来的恩典的经历，正在改变这位女士的态度和动机，这一切甚至在她接触到任何关于如何对待穷人的伦理教导之前就发生了。

动机的重要性

你可以论证说，我们今天社会的问题不是人们不知道应该与别人分享、要帮助穷人。大多数人知道而且相信这一点。真实的问题在于，虽然他们认识到这一点，但他们都没有足够的动机去实际施行。所以，最大的问题在于如何激励人们去做他们本应为世上饥饿的人和贫穷的人所做的。耶鲁法学院前教授莱夫(Arthur Leff)曾写过：

> 环顾周围的世界，我们看到，如果四海之内皆弟兄，该隐和亚伯的关系就是主要模式。理性、爱、甚至恐惧，都不能让我们成为"良善"的，而且更糟糕的是，人们没有理由认为什么事物应该是良善的。[1]

莱夫没有把我们的失败归咎于我们不知道什么才是正确的(我们实际上知道)，而是归咎于人们缺乏足够的动力去行善。莱夫论文中的关切之一是,我们现在生活在一个相对主义的时代,实际上,人们很难被说服去相信存在一种绝对的道德标准,不管他们是否喜欢都必须遵守。所以,我们诉诸爱,或诉诸实践理性,要让人们成为正义的、慷慨的。例如,我们会说:"难道你没有认识到尊重人权、关心环境、慷慨周济穷人,以及与不同种族、宗教和国籍的人和睦同居,是多么实际的事吗?如果我们都这样做,对每个人而言,这个世界就会变成一个更好的地方。"但他得出结论说,这些都不起作用。

我认为莱夫是对的,诉诸爱和怜悯与诉诸理性一样,都是不起作用的。如果是这样的话,哲学家罗蒂(Richard Rorty)的分析也是错误的。他在《人权、理性和感性》(Human Rights, Rationality, and Sentimentality)一文中认同莱夫和其他人的观点,即我们生活在一个相对主义的时代,无人有权说"这些是绝对的道德标准"。针对"我为什么要关心一个陌生人,或一个非亲非故的人,或一个其个人习惯让我恶心的人"这样一个问题,罗蒂写道,一个古老的回答是:"因为你对她负有一种道德责任。"罗蒂说,在我们的社会中,我们不能给出这样一个答案,因为没有人有权说哪些才是普世性的道德责任。相反,罗蒂说:

更好的一类答案是讲一个很长、很伤感、很感性的故事。这故事的开头一般是"因为她的处境是这样的,远离家园,寄居在异乡人中间",或者"因为她可能会成为你的儿媳妇",或者"因为她的母亲会为她忧伤",等等。这些不断被重复、改编、传讲上百年的故事曾经促使我们——不论是富人、安居的人还是有权势的人——去容忍、甚至去珍惜那些没有权力的人。这些人的外貌、习惯或信仰最初好像冒犯了我们自己的道德身份,好像越过了我们可容忍的人类差异性的边界。[2]

就这一部分而言,莱夫以很好的理由提出反对意见。是什么导致了南非或美国南方种族隔离制度的废止呢?是一些伤感的、感性的故事,还是非常直接的政治行动?我们会认为用更多伤感的、感性的故事就能够改变塞尔维亚人对波斯尼亚人(或是后者对前者)的看法吗?

现在我们可以看到圣经给予我们多么重要和有力的资源,因为圣经提供的不仅是行义的伦理要求,而且是一种推动人如此行的革命性的内在能力和动力。圣经给信徒两种基本动力:在上帝美善创造前的喜乐和敬畏之情,以及对上帝救赎恩典的经历。

尊重形象

圣经所提供的行义的动机,可以从圣经的一开始,就是关于创造的段落中找到。《创世记》1:26—27 告诉我们:

"上帝照着自己的形象创造人。"有上帝的"形象"是什么意思呢？它传达出一种作为一件艺术品或大师级作品的思想。人类不是偶然意外出现的，而是由上帝创造的。如果不相信创造，那么我们只能面对一种解释，即人最终没有理由将他人视为一个有尊严的人。大法官霍姆斯（Oliver Wendell Holmes, Jr.）书信中的一句话写得非常好：

> 如果我冰冷无情地去思考，就会发现，没有理由赋予人一种不同于狒狒或沙粒的意义。[3]

圣经对人的看法则与此形成鲜明对比，人是按着上帝形象造的，是为了与上帝在永恒中同在。路易斯（C. S. Lewis）写道：

> 不存在什么凡人。你不可能与一个必朽之物讲话。国家、文化、艺术、文明——这些都是必然朽坏的。与我们的生命相比，它们的生命只是像蠓虫一般。与我们开玩笑、一起工作、结婚，被我们斥责和剥削的，是一些不朽的生命。……[4]

"形象"一词还有另外一层含义，就是"形似"，正如一个孩子会长得像其父母一样。此外，这个词还有"代表/反射"的意思，正如一面镜子反射、反映出一样物品。我们在哪些方面像上帝或是反映出上帝呢？多年以来，很多思想家指出，这些方面包括人类的理性、个性和创造性，或是我们的伦理、美感以及我们深度需要爱的关系和给予爱的关系的能力。所有这些以及很多其他内容都属于上帝的形象，但是我们必须谨慎，不能将其限制在一份列表当中。

圣经教导说，上帝的神圣性以某种方式分享给了人类，因此每一个人的生命都是神圣的，每一个人都有尊严。当上帝将他的形象放在我们身上时，我们就成为具有无限、不可估量价值的存在。在《创世记》9:5—6，我们读到上帝憎恶谋杀的原因。他说："流你们的血、害你们生命的，我必向他们追偿；无论是走兽或人类，甚至各人自己的兄弟，我必要他偿命。流人血的，人也必流他的血；因为神造人，是按着他自己的形象。"在《雅各书》3:9，作者严厉斥责那些口出恶言的人。按理这比谋杀之罪要轻得多，但《雅各书》作者还是禁止所有言语上的恶，因为这些恶人用舌头来"咒诅照神的形象被造的人"。人类生命中有某种极珍贵的东西，他们不仅不应被戕害，而且也不应被咒诅。若有人咒诅别人，就等于没有按着上帝赐给那人的价值而尊重他。上帝的形象带来一种权利，就是人不可以被虐待或伤害。

根据圣经，所有人都具有这一权利和这一价值。要留意，《创世记》和《雅各书》中都没有把禁止虐待行为的命令局限在"好人"身上。不管人们的经历如何、品格如何，所有人都具有一种不可减少的荣耀和意义，因为上帝爱他们——事实上，"他的怜悯临到他一切所造的"（诗 145:9，17）。他甚至爱那些转离他的人（结 33:11；约 3:16）。[5] 这赋予人一种价值。沃特斯托夫举了一个例子，说明这到底是怎样的道理。他想象有一个完全不懂美国历史的外国人，这个人看到弗吉尼亚维农山（Mount Vernon）那片土地被保留为一个国家纪念地，而且被尊为极有价值的地方，就觉得非常不解。她观察到，弗吉尼亚还有好几处种植园，其建筑价值和华丽程度远远超过维农山。对此，我们回应她说，因为这里是乔治·华盛顿的故居，他是我们国家的创立者。这样她就理解了。那间房子的深层意义与其建筑本身是不相关的。因为我们尊重那位房主，我们就珍视他的故居。[6] 因为这庄园对华盛顿很珍贵，而我们尊敬他，那这庄园对我们而言也是珍贵的。同理，我们要珍惜每一个人类生命，并以这一方式表明我们对上帝威严应有的敬畏——他是我们的主人和创造主。

上帝的形象和民权

我不确定，我们是否了解这是一个多么激进的观念。亚里士多德曾说过一句名言，即一些人生来就是奴隶。他为什么会这样想？亚里士多德和其他古希腊哲学家相信，人类的尊严在于具有某些能力，尤其是理性。在他们看来，理性的人是有尊严的、值得尊重的，但不是所有人都具有同等的理性。亚里士多德曾写道：

所以，凡自己缺乏理智，仅能感应别人的理智的，就可以成为、而且确实成为别人的财产（用品），这种人就天生是奴隶。这里，他还是有别于其他动物，其他动物对于人的理智没有感应，只是依照各自的秉赋（本能）活动。……自然所赋予自由人和奴隶的体格也是有些差异的，奴隶的体格总是强壮有力，适于劳役；自由人的体格则较为俊美，劳役非其所长，而宜于政治生活——政治生活包括战时的军事工作和平时的事业。……这样，非常明显，世上有些人天生赋有自由的本性，另一些人则自然地成为奴隶，对于后者，奴役既属有益，而且也是正当的。[7]

亚里士多德只是反映了我们的自然直觉。我们的实际生活经历会让我们相信每一个人都有同等价值、同等尊严吗？不会。人心的默认模式是给一些人贴上"野蛮"的标签。我们今天还会这样做，但在古代，这是一种常识，即认为一些人有尊严，值得尊敬，而另外一些人则不然。

但是，上帝形象的教义不允许人做这样的区分。威尔斯（Richard Wayne Wills）近期的一本书《马丁·路德·金和上帝的形象》（*Martin Luther King, Jr., and the Image of God*, Oxford, 2009）中提出，上帝形象的教义处于民权运动的最中心。在一篇题为"美国梦"的讲道中，马丁·路德·

金曾说过：

> 要知道，美国的国父们都很受圣经的影响。"上帝形象"的整个概念，正如其拉丁文 *imago dei* 所表示的，意思就是，所有人内在都有上帝注入的某样东西。不是说他们在本质上与上帝是一体的，而是说，每个人都有能力与上帝相交。而这给他一种独特性，赋予他一种价值和尊严。而且，我们作为一个国家永远不能忘记一点：上帝的形象是不分等级的。从高音区的白键到低音区的黑键，在上帝的键盘上都是重要的，而这正是因为每一个人都是按上帝形象造的。我们有一天会学习到这一点。有一天我们会知道，上帝造我们是要我们如弟兄般同居，而且尊重每一个人的尊严和价值。因此，我们必须用我们所有非暴力的力量来与种族隔离制作斗争。[8]

那么，若要活出慷慨的正义、服事我们周围人的需要和维护他们的权利，上帝的形象是第一伟大动力。这让我们能以谦卑对待每个人的伟大——因其为上帝所造，并为上帝所爱。路易斯是这样表达的：

> 我邻舍的荣耀是一份重担，应该每日都在我肩上。这担子如此沉重，以至于唯有谦卑才能胜任背负，而骄傲的脊梁会被折断。……这不意味着我们每时每刻都要保持严

肃。我们必须喜乐玩耍。但我们的这种喜乐必须存在于认真对待彼此的人们之间（这实际上是最让人感到喜悦的一种）。大家没有轻率的言语，没有优越感，没有傲慢自负。而且我们的善行必须是真实的、付上代价的爱。虽然我们爱罪人，但要深刻地感受到罪的伤痛，而不只是用纵容来拙劣地模仿爱，正如轻率的言语是在拙劣地模仿欢乐一样。[9]

承认上帝的所有权

上帝创造的教义是另一个激励基督徒与他人分享资源的重要动力。如果上帝是创造主以及所有事物的所有者，这意味着我们生命中所有事物都是属于上帝的。

在《创世记》1章，上帝让亚当和夏娃"管理"造物界。这是呼召他们成为带领者，也是呼召他们成为管家。上帝造了亚当和夏娃，"叫他管理你手所造的"（诗8:6），但"地和地上所充满的，世界和住在世上的，都是属于耶和华的"（诗24:1）。换言之，上帝赐给人类权柄使用世界上的资源，但没有赐给人所有权。我们就好像是一个基金经理人，收到别人的钱，拿来投资；又像古代的管家，有权柄管理委托给他的一份产业。大产业的管家可以生活得很舒服，也享受他劳动的成果，但他不能犯一个错误，就是认为他管理下的这些财富都是属于他自己的。他受托按照业主所喜悦的管理那产业，而且要公平地对待与他一同作仆人的。

对于大多数美国人来说,这一概念是违反直觉的。我们相信,如果我们人生中已经取得成功,主要是因为我们自己努力工作,所以我们有绝对的权利来使用我们的金钱。但是,虽然圣经认可勤劳或懒惰是造成你成功与否的一个不可或缺的因素(箴 6:9—11;10:4),但它从不是主要原因。假如你出生在十三世纪西藏的某座山上,而不是生在二十世纪的一个西方国家,那么不论你多么努力工作,你都不可能太富裕。如果你今天拥有金钱、权力和地位,这是因为你生在一个好的时间和地点,也是因着你的才华、能力和健康,但这些都不是你赚来的。简言之,你所有的资源最终都是上帝赐给你的。正因为这一点,大卫作为以色列最富有的人曾祷告说:

> 耶和华啊,尊大、能力、荣耀、胜利和威严,都是你的;因为天上地下的万有都是你的;耶和华啊,国度是你的,你是至高的,是万有之首。富足和尊荣都从你而来,你也统治万有。在你的手里有力量和权能;人的尊大、强盛都是出于你的手。我们的神啊,现在我们要称颂你,赞美你荣耀的名。我算什么? 我的人民又算什么? 竟有力量这样乐意奉献? 因为万物都从你而来,我们只是把从你手里得来的,奉献给你。(代上 29:11—14)

因为大卫理解这一原则(即我们所拥有的,说到底都是上帝赐予的），他才没有把自己的财富视为完全归他所有。旧约学者沃尔特基（Bruce Waltke）在研究过 mishqat 和近义词 tzadeqah（公义）之后，得出结论说，在旧约中，

公义的人（tzaddiq）……愿意损害自己而让社区获益。但恶人却是损害社区利益而让自己得益处。[10]

所以，正义的男子和妇人都将他们的金钱视为在某方面属于他们周围的整个人类社区，而不正义的、不公义的人则视他们的金钱为自己所有，而非别人的。毕竟这是他们挣得的，而这是他们拥有金钱的主要原因。我们看到，这种人生观是幼稚的，它与圣经完全不符。所以我们在《申命记》24 章读到：

你在田间收割庄稼的时候，如果遗留一捆在田里，就不可再回去拾取，要留给寄居的、孤儿和寡妇。（申 24：19）

这段提到丰收的经文劝诫地主们要允许穷人拾取麦穗。如果我们仔细读这段经文，会发现地主之所以获得丰收，一部分原因是"为了"寄居者和穷人。这意味着在上帝眼中，这地实际上是他们的。[11]我们要小心，不能认为这意味着土地属于穷人——土地最终属于上帝，而暂时属于地主。但在上帝看来，虽然穷人没有耕地的所有权，但他们

却有权利收获土地的收成。如果地主贪婪无度，而不给穷人机会分享土地的收成，那他非但是不对穷人行善，也是缺失正义，而且剥夺了穷人的权利。为什么呢？人若缺乏慷慨，就是拒绝承认你的产业并不真是你的，而是上帝的。

我再举另一个例子。想一想这个国家中有上千万儿童和青少年在贫困中成长。他们进入教育质量糟糕的学校，生活在一种不利于阅读和学习的环境中。他们中有很多人到了十几岁时都还是文盲。这将他们锁入更糟糕的贫困中。据估计，监狱中大部分犯人都是文盲。这要怪谁呢？

保守派可能会说这是他们父母的错。这是因为他们缺乏道德品格以及家庭解体才造成的。但自由派会将其归咎于政府不能阻止体制性的种族主义、不能改变不公正的社会结构。但问题并不在于是保守派的观点对，还是自由派的观点对。没有人说这是孩子的错，因为他们被生在那样一个环境中。那些孩子之所以处在贫困中，大多是因为他们没有生在一个像我们这样的家庭中。我的三个儿子就是因为生在我们的家庭中，才有机会在社会中经历更丰富、更快乐的生活。这个世界上的资源和机会的分布是不平等的。所以，如果上帝赐给你世上的资源，而你不与他人分享，你就不光是吝啬，而是不公义。

回应上帝的恩典

尽管有关上帝创造的教义非常重要,行义还有一个同样频繁出现的、符合圣经的动力——上帝在救赎中的恩典。这一主题不是在新约中才开始的。在《申命记》中,摩西曾对民众说:

所以你们要给你们的心行割礼,不可再顽固。因为耶和华你们的神,他是万神之神、万主之主、伟大有力和可畏的神;他不徇情面,也不受贿赂。他为孤儿寡妇伸张正义,又把衣食给寄居的人。所以你们要爱寄居的人,因为你们在埃及地也作过寄居的人。(申 10:16—19)

以色列人在埃及是贫困的外族人。既然如此,摩西问,他们怎能冷酷地对待他们中间贫困的外族人呢? 上帝借着摩西说:"以色列,你被我释放得自由了。这不是你做成的,是我为你施行的,是靠我的恩典。现在你要同样对待别人。松开那轭,解开锁链,你要给他们衣食,正如我向你所做的一样。"[12] 这里我们最关心的是摩西劝诫他们"要给你们的心行割礼"(16 节)。割礼是一个外在记号,意思是一个家庭与上帝进入一种约的关系。心的割礼是人内心对上帝的热切委身。满足孤儿、寡妇和贫困移民的需要,是以色列与上帝的关系的记号,不只是形式的、外在的,也是内在的。

这里的逻辑很清楚。如果一个人内心领会了上帝恩典的意义,他就会行义。如果他没有按正义而行,那么他也许可以嘴上说自己为上帝的恩典感恩,但在心里却远离上帝。如果他不关心穷人,这表明,一种最好的情况是,他并不理解自己经历到的恩典;而最差的一种情况是,他根本就没有经历过上帝救赎的怜悯。恩典应该使你成为公义之人。

这一推理的另外一个例子出现在《以赛亚书》58:2。上帝看到以色列民在禁食。律法中唯一禁食的要求是为了赎罪日(利 23:26—32)。在一年中,以色列需要殷勤遵守道德律法,但上帝知道他们不可能完全满足要求。我们的罪在上帝和我们之间立起一道障碍,但借着他的恩典,主为罪的解决预备了方法。所以每年一次,大祭司会进入会幕的圣所中献上血祭,为民众赎罪。赎罪日的意思是,上帝与他子民的关系建立在恩典和赦罪的基础上。这解释了为什么在赎罪日禁食是合宜的做法。借着放弃一些乐事,特别是饮食上的,他们显明在上帝面前的谦卑,显明他们相信赎罪日的基本信息,即我们都是蒙恩得救的罪人。

但上帝非常不喜悦以色列的禁食:

他们说:"为什么我们禁食,你不看呢?为什么我们刻苦己身,你不理会呢?"看哪!你们在禁食的日子,仍然追求自己喜欢作的事,欺压为你们作工的人。看哪!你们禁食,结果是吵闹和打架,用凶恶的拳头打人;你们不要像今天这样的禁食,使你们的声音可以听闻于天上。使人刻苦自己的日子,这样的禁食是我拣选的吗?难道只是叫人垂头像一根苇子,用麻布和炉灰铺在下面吗?你可以称这是禁食,为耶和华所悦纳的日子吗?(赛58:3—5)

上帝看到一些富人放弃食物,一天或两天"不吃饭",但却没有停止剥削他们的工人。虽然他们有相信恩典的外在记号,就是禁食,但他们的生命表明,他们的心还没有改变。

我所拣选的禁食不是这样吗?不是要松开凶恶的锁链,解开轭上的绳索,使被压迫的获得自由,折断所有的轭吗?不是要把你的食物分给饥饿的人,把流浪的穷困人接到你的家里,见到赤身露体的,给他衣服蔽体,不可逃避自己的骨肉而不顾恤吗?(赛58:6—7)

禁食本应是人整个生命发生改变的一个记号。被恩典改变的人应该仿佛在持续禁食。自我放纵和物质主义应该被抛弃,取而代之的应该是一种舍己的生活方式,就是要施舍给那些有需要的人。他们不仅要与别人分享金钱,也要分享"他们自己"(10节)。这里的持续禁食是什么意思呢?

就是要与不公义斗争，与饥饿的人和无家可归的人分享衣食和住所。这才是一个真实证据，说明你相信自己是一个蒙恩的罪人，而且你真的因这一认识而谦卑下来，活出一个顺服上帝、因认识上帝而被改变的生命。如果人们在仪式上禁食和祷告，但仍然对穷人和有需要的人趾高气昂，这表明他们心中并没有真实的谦卑。如果你鄙视穷人，漠视他们的苦难，你就没有真正理解或经历上帝的恩典。

我不禁想到耶稣所讲浪子比喻中的那个大儿子。上帝向他子民说明，这些人像大儿子一样抱怨上帝并没有按他们的意思行，而且因为他们一直如此顺服，他们配得上帝的支持。但真相是，他们的顺服只是形式的、外在的，充满了自义，受一种想要控制上帝（而不是服事上帝）的动机支配。这类人显明他们遵守宗教规条的目的，是想借此让上帝和其他人"欠他的"。这种僵死的属灵状况表现为缺乏服事他人的真爱，特别表现为对穷人的漠视。

称义和正义

新约中的道理有什么不同吗？完全没有。保罗书信的一个主题是"因信称义"。很多宗教教导说，如果你按应该做的去做，那么上帝就会接纳你、祝福你。然而保罗却教导说，唯有借着耶稣基督白白的恩赐来领受上帝的接纳和祝福，你才可以、也会行出你应当行的。宗教改革时期的改教家们——如马丁·路德和约翰·加尔文——重新发现并论述了这一教义。虽然我们只配得上帝的忿怒和对我们罪的刑罚,但耶稣基督来了,而且代替我们受罚。他活出了我们应该活出的生命,所以为我们赢得了救恩的祝福,也就是一个完全的生命配得的救恩。当我们悔改相信耶稣时,既已借着他重生,我们本该受的所有刑罚也就都被挪去了。而且,他因公义生命和代人受死而配得的所有尊荣,都被赐给我们。我们现在被上帝所爱,而且上帝对待我们就好像我们做了耶稣所做的一切伟大之事一样。[13]在马丁·路德的《〈加拉太书〉注释》的序言中,他用一段经典、大胆的表达传达了这一教导:

> 有一种公义是保罗称之为"信心之义"的。上帝将其归算给我们,不在乎我们的行为。……[现在]虽然就道德律而言,我自身是个罪人,……但在那一公义之中,我是没有罪的,没有良心的刺痛,没有对死亡的恐惧。我有此生之上的另外一种公义,是在上帝的儿子基督里的。[14]

当我们读新约《雅各书》时,我们会看到一段貌似与保罗的教导矛盾的话。保罗写到,基督徒是"因着神的恩典白白地称义"(罗 3:24),而且"人称义是由于信,并不是靠行律法"(罗 3:28;4:6)。但雅各却说:

我的弟兄们，人若说他有信心，却没有行为，有什么益处呢？这信心能救他吗？……如果只有信心，没有行为，这信心就是死的。（雅2：14，17）

这种矛盾只是表面上的。虽然一个罪人唯独靠信心才能与上帝建立关系（保罗所说），但你有得救的信心，其最终的证实或证据在于行为和改变的生命，这是真信心必然会带出来的（雅各所指）。[15]把保罗和雅各的教导结合在一起，我们可以说："我们是唯独靠信心才得救，但不是靠一种孤立存在的'信心'。真信心总是会带来生命的改变。"

但是，雅各不只是在一般意义上说真信心会改变一个人的生命。他继续描述这样的"行为"，他说，这样的行为总是伴随着一种活的、让人称义的信心。

如果有弟兄或姊妹缺衣少食，而你们中间有人对他们说："平平安安地去吧！愿你们穿得暖，吃得饱。"却不给他们身体所需用的，那有什么用处呢？（雅2：15—16）

雅各教导说，如果你看到一个人处于缺乏之中却视若无睹，那么你的信心就是"死的"，它不是真正得救的信心。那么他所谈的"行为"是什么呢？他的意思是说，人将生命倾倒出来，为了服事穷人，这才是任何真实的、真正的、让人称义的、合乎福音的信心所不可或缺的记号。恩典使得你成为正义者。如果你不正义，那么你就还没有真正因信而被称义。

称义的教义是说，上帝并没有给我们"应得的惩罚"。那么，为什么称义的教义和经历会让一个人更多地参与行义呢？

从一种更高视角看律法

让我们花一点时间思考一下，我们还能用什么其他方式来表达因信称义的教义吗？一些人相信，如果人足够努力去顺服上帝，他就可以得救。但相信这一点等于把律法理解为一种"低门槛"。耶稣说这段话的时候，绝对是把门槛无限地抬高了："你们听过有这样吩咐古人的话：'不可杀人，杀人的必被判罪。'可是我告诉你们，凡是向弟兄发怒的，必被判罪。人若说弟兄是'拉加'，必被公议会审判；人若说弟兄是'摩利'，必难逃地狱的火。"（太5:21—22）我们只能借着恩典称义，这一观点认为上帝律法的要求非常高。我们为什么不能因自己的道德努力而得救呢？这是因为上帝的律法如此威严、正义、严格，我们永远无法做到。

另一些人相信，上帝并没有因罪而与人类隔离。在他们看来，耶稣在十字架上所做的，只不过是显明了上帝对我们的爱。其中并不涉及任何要受的刑罚或要付的罪价。不存在什么"上帝的忿怒"要去平息。但我要再次说明，这一观点也是把上帝的律法看得太低。经典基督教教义说,耶稣在十字架上拯救了我们,是借着实实在在地代替我们应受的刑罚,而且为我们偿还了欠上帝律法的债。我们的主极其严肃地对待他的律法,他不能轻忽我们的悖逆,他甚至必须成为人来到世上,而且承受可怕的死亡。既然主自己如此对待律法,我们也必须严肃地对待律法。上帝的律法要求公平和正义,以及爱邻舍。那些坚信因信称义之教义的人,会非常看重上帝的律法和公义,这些会深深进入他们的生命中。他们会热切渴望看到上帝的正义被世人所尊重。

一种看待穷人的新态度

在这一章开篇时,我提到一位富有女士的经历,她归信基督之后,发现自己原来对穷人的优越感消失了。在引言中我提到我的朋友谢尔顿,他发现称义的教义让他知道如何看待种族主义。为什么会发生这样的变化呢?

耶稣说,"心灵贫乏的人有福了"(太 5:3),几百年来,大多数学者认为,上帝的祝福和救恩会临到那些"承认自己灵性破产"的人。[16] 这意味着你在上帝面前负债累累,而你完全没有能力救赎自己。唯一能救赎你的就是上帝白白地施与你的慷慨——虽然这花费了上帝极重无比的代价。但是,如果你不是灵里贫穷的人,又会怎样呢?这意味着你并不相信自己是有罪的、道德破产的,你也失去了唯一可以拯救你的白白的恩典。你可能会觉得，经典基督教教义关于人类深陷罪中和失丧的描述过于严厉。与这一教义恰恰相反，你相信上帝欠你什么，他本来就应该因你做的好事而听你祷告并祝福你。即使圣经并不使用这个词，但我们可以推论说，你是"灵里的中产阶级"。你觉得你在上帝面前因努力工作而赚得了一定的地位。你也许还相信，如我们在上一章提到的，你的成功和财富主要是你自己的勤奋和努力带来的。

作为一位牧师，我的经历告诉我，那些灵里为中产阶级的人，都对穷人比较冷漠。但那些领会恩典福音精髓的人，会成为灵里贫穷的，结果他们的心会靠近那些物质上贫穷的人。福音在一定程度上会重塑你的自我形象，因此你也会更认同那些处于需要中的人。你在看到他们破烂的衣服时会想到，"我们所有的义，都像污秽的衣服。但在基督里我们可以穿上他的义袍。"当你遇到一些经济上贫困的人时，你不能对他们说："凭自己的力量重新振作起来吧！"因为你自己在属灵的事情上并不能靠自己振作起来。耶稣为你做到了。你也不能说："因为是你让自己陷入这样糟糕的状况中的，所以我不能帮你。"因为上帝来到世上，仿佛进入你灵里贫困的社区里；虽然你的灵性问题是你自己造成的，他还是帮助你。换言之，当了解福音的基督徒看到一个穷人时，他们认识到他们正在照镜子。他们的心必须向他敞开，没有丝毫优越感或淡漠。

《雅各书》中说，贫困的基督徒"应当以高升为荣；富足的也不应该以降卑为辱；因为他如同草上的花，必要过去"（雅 1:9—10）。这是一个奇妙的悖论。每一个在基督里的人，都是一个当受死刑的罪人，同时也是上帝收养的一个孩子，是完全被接纳、被爱的人。这一点对基督徒而言都是确实的，不管他们社会身份如何。但雅各提出，当一个富人成为信徒时，他若特别思想自己在上帝面前的罪，就可以在灵性上受益，因为他在世上只得到赞扬。另一方面，当一个穷人成为基督徒时，他若特别思想自己在灵性上被高升的地位，也会受益，因为他在世上只受到鄙视。

在这里，我们看到雅各为什么后来可以说，关怀穷人以及慷慨分享财富是一个真正认识恩典福音的人不可或缺的记号。这个世界将社会阶层固定成一些身份记号。你的社会地位和银行账户就是你，这是你自我价值和自我认同的基础。但在福音里这些东西都被降级，不被看重了。在这一方面，一个人若没有显出任何身份逐渐改变的记号，他就没有真正明白福音。所以雅各可以说，缺乏对穷人的尊敬、爱和实际关怀的那种信心是死的。那不是一种让人称义的、源自福音的信心。

一种对待穷人的新态度

福音会改变富人的身份，直到他们对穷人有一种新的尊重和爱。但正如雅各所说的,福音也改变穷人的自我认识。克罗地亚神学家沃尔夫(Miroslav Volf)在其《店主的黄金》一文中,讲到格尼克牧师和他一起走在三德镇的街道上。美国城市的衰败让沃尔夫想到他自己国家的城市乌科瓦(Vukovar),"只不过这里的毁坏者不是战争,而是种族冲突、犯罪和经济灾难"。[17]这时,格尼克说到一点——"只是提了一下",但却让沃尔夫很震惊。他在解释内城区的困苦时提出,因恩典称义的教义包括一些可以医治人的未开启的资源。沃尔夫觉得"他应该知道这些资源"。他在三德镇居住生活已经十多年了,也看到一些改变正在发生,一家接着一家。

沃尔夫很吃惊是因为作为一位耶鲁大学的神学教授,他知道很多教会已经完全抛弃了称义的教义。"他们都觉得这教义基本上是无用的,甚至在医治最小的社会问题上都起不到什么作用,就更不用说贫困、暴力、绝望这一恶性循环了。"另外有些人还保持对这个教义的信仰,而且在奋力为之辩护,但沃尔夫还没有听过任何一个持经典教义的人像格尼克这样将其应用在实践中。他问自己一个问题:"这些死气沉沉的街道怎么能从一个[看似]死了的教义中领受生命呢?"但当他反思之后,他得到一些洞见:

假想一下,你没有工作、没有钱,你生活在一个被贫困和暴力包围而与其他社会隔绝的环境中。你的肤色"不对"，而你并没有指望会发生任何一点改变。在你周围是一个被成功法则的锁链紧紧捆住的社会。那里最风靡的物品常在电视上出现，而且这个社会每天用上千种方法在告诉你，你是没有价值的，因为你不成功。你是一个失败者，而你知道你会继续是一个失败者，因为你今天没有得到的，明天依然没有什么方法得到。你的尊严完全被粉碎了，你的灵魂被淹没在绝望的黑暗中。但福音告诉你，这些外在力量并不能定义你是谁。福音告诉你，你是有价值的，甚至说你是被无条件地、无限地爱着的，不管你成功还是不成功。想象一下，这种福音不仅被宣扬出来，也在一个社区中被活出来。单单靠恩典称义的一群人，试图要借着恩典让那些被一个社会的成功法则宣告"不义"的人"称义"。再多想一想，这个社区决心要影响更广的文化，包括社会的政治和经济制度，他们带着一个信息，是他们努力活出来并宣扬的。这就是被宣扬和被实践出来的靠恩典称义。它是一个死了的教义吗？绝对不是。[18]

"按下按钮"

很多看起来非常真诚的基督徒并没有对穷人显示出多少关切。对此我们该怎么解释呢？我相信在他们里面，有一颗对穷人"沉睡"的心，是需要被唤醒的。我认为基督徒当中这种认识没有被激发出来，是我这个阶层——也就是牧师和基督徒领袖们——的过失。我们试图用世界的方法来让基督徒具有社会责任感，这个方法就是罪疚感。我们说，他们拥有太多了，没有看到他们需要与穷人分享。这并不起作用，因为我们内心中对类似这样的说法有天生的防卫机制。几乎没有谁会觉得自己非常富有。甚至那些富人，在与他们周围的人相比时，也不觉得自己富有。

但是我相信，当教导的人不把对穷人实施公义与罪疚感联系在一起，而是与恩典和福音联系在一起，就在信徒灵魂中"按下那个按钮"，他们就开始苏醒了。这里有一个例子，说明这是怎么发生的。以下引文出自十九世纪早期一位年青的英格兰牧师的讲道，他传讲的经文是"施比受更为有福"（徒 20:35）：

现在，亲爱的基督徒们，你们中很多人不论白天黑夜，都祷告说要成为真葡萄树上的枝子，你祷告想要成为基督的样式。如果真是这样的话，你必须在施舍上像他的样式。……"虽然他是富足的，却为了我们成为贫穷。"……但有人反对说："我的钱是我自己的。"对这人的回答是：基督可能会说："我的血是我自己的；我的生命是我自己的。"……若是这样的话，我们怎么可能得救呢？还有人反对说："那些穷人不配。"对这人的回答是：基督可能会说："他们是邪恶的叛逆者……我为什么还要为他们舍命？我要把生命给那些好的天使们。"但实际上不是的，他舍弃了那九十九只羊，而去寻找那一只失丧的。他的血为那些不配的人流出。另外还有第三个声音反对说："穷人会滥用金钱。"对这人的回答是："基督可能会说同样的话，而且远比这人所说的更真实。"基督知道成千上万的人会践踏他的血，绝大多数人会藐视他，许多人会以此为借口犯更多的罪，但他还是献出了自己的宝血。

噢，我亲爱的基督徒们，如果你想要成为基督的样式，就要多施舍、经常施舍、白白地舍去，给那些恶人和穷人，给那些不感恩的和不配的人。基督是荣耀、幸福的，你也会如此。我要的不是你的钱，而是你的幸福。要记得他亲自讲过的话："施比受更为有福"。[19]

第6章

我们怎样才能行义？

我若不给穷人所要的，或使寡妇的眼所期待的落
空；我若独吃我的一点食物，孤儿却没有与我同吃；
……我若在城门见有支持我的，就挥手攻击孤儿，就
愿我的肩头从肩胛脱落，愿我的前臂从上臂折断。

《约伯记》31：16—17，21—22

行义是基督徒在世上生活的重要部分。我自己在很久
以前就得出了这个结论。但是，我多年以来一直纠结的问
题是，今天的基督徒该如何实际地回应这一呼召。

总是想到行义

当约伯说，"我以公义作衣服穿上；我的公平好像外袍和冠冕"(伯 29:14)，他谈到一种社会意识，是深入他每日生活的，像衣服遮盖他身体那样全面。[1]他与穷人分享金钱和食物。他关心瞎眼的、瘸腿的和穷困的寡妇。他也是为寄居者和孤儿辩护的法律代表。

这一视角是非常全面的。约伯说他穿上公义，意思是说公义总是被他放在心上，他总是想方设法去行义。《诗篇》41:1 说："关怀穷乏人的有福了；在遭难的日子，耶和华必救他"，而翻译成"关怀"的这个希伯来词，意思是给予持续的关切，并有智慧地、成功地施行这关切。上帝不想我们只是给穷人以敷衍的帮助，而是长时间努力思考该如何改善他们的整个处境。[2]

我认识一个基督徒，他是一个汽车经销商并拥有连锁店。这个行业中的一个标准做法是，销售员被委托与顾客谈价格。他通过研究发现，通常男人比女人更坚持谈价格，而白人比非裔美国人更坚持压价。换言之，那些相对贫困的黑人女性往往要比其他相对富有的顾客支付更多。这位经销商认识到，这一历史悠久并被人广为接受的商业做法欺压了一个需要帮助和保护的阶层。这一政策显然不是非法的，而且很少有人会认为它不道德，但它最终却是剥削性的。所以这位基督徒老板改变了经销政策——明码标价。大多数人可能不会想到这一问题，但这位基督徒商人关心穷人，并且力图将行公义结合在他的个人和公共生活中。

有一次我问他，这对他而言是"好生意"吗？他说，这可能在将来会给公司带来一些益处，却都是很小的、不能量化的，但是这些并不重要。他们做了改变，是因为这一做法正在剥夺那些缺乏资源的人。《出埃及记》22：22 说"不可苦待任何孤儿寡妇"。商学院的大多数伦理课程提供的案例，都是鼓励雇主和雇员行出诚实、正义的事。但他们提供的是什么样的动力呢？以下是他们的典型回答：

企业在按不道德方式运作时，往往会获得一些短期利益，但这些行为长期会令整个经济亏损。[3]

他们的论证逻辑是：要持守道德，这样你就可以为你自己和你的企业获得长期利益。但圣经说，义人会让自己受亏损以让别人受益，而"恶人……愿意损害社会以让自己受益"。[4]在我所举的案例中，这位基督徒商人愿意为了行义而让他的企业遭受持续的不利。

那么，行义需要的是持续不断的反思和细心斟酌。如果你是一个基督徒，尽管你不会犯奸淫、说脏话或不去教会，但你并没有努力思考如何在生活的各个领域行义，那么你就是没能行出公正和公义。[5]

不同层次的帮助

通常我们并不需要四处去找行义的机会。教会和基督徒可以向他们附近的贫困家庭和社区行义。这些问题看起来非常庞杂。我们究竟该如何去帮助他们呢？

玛丽的丈夫开始陷入毒瘾和怒气的恶性循环。他们的家庭也开始债台高筑。玛丽为了养育孩子，已经很多年没有工作了，也缺少职业技能，没有个人信用记录和储蓄。她家庭的其他成员住得很远，而且也没有经济能力帮助她。她丈夫一开始反对她重新工作，后来竟抛弃了这个家。

玛丽带着很大的恐惧和胆怯找到我们纽约市救赎主长老教会的执事会。在很多方面，她就像古代的寡妇一样，在社会上和经济上都处于弱势，没有社会资本可以帮助她的家庭渡过难关。执事们先帮助玛丽获得一份教会资助，维持她的基本家务开支，接着与她一起开始了一个漫长的取得经济自立的过程，包括找工作、学习如何与律师和法官打交道，以及找到一个更便宜的住所。玛丽得到的帮助不仅仅是这些，还包括爱和新的友谊，以及职业咨询，这些都是非常重要的，终于帮助她渡过了难关。[6]

玛丽的经历显明一个事实，即弱势群体需要不同层次的帮助。我们称这些层次为：救济、发展和社会改良。救济是直接的救助,为满足人直接的身体、物质和经济需求。当好撒玛利亚人提供身体上的保护、紧急医疗救助和旅店租金时,他提供的是救济层次的帮助(路 10:30—35)。一般的救济事工包括为无家可归者和难民提供暂时的居所,提供食物和衣服,以及一些免费的或低廉的医疗和咨询服务。救济也意味着在家里或借助一些机构去看顾孩子、老人和身体上残疾的人。另外一种更积极的救济形式是宣导(advocacy),帮助有需要的人找到法律援助、住房和其他类型的帮助,如保护他们免受家庭暴力。

第二个层次是发展。这意味着给一个人、一个家庭或整个社区提供他们需要达到自立的资源。在旧约中,当一个奴隶的债务被豁免并且得到人身自由时,上帝要求他此前的主人必须给他提供足够的食物、工具和资源,开始一个全新的、经济自足的生活(申 15:13—14)。旧约学者莱特(Christopher Wright)激励我们思考旧约中关于豁免、拾麦穗和禧年之律法的深意。他说:

[上帝的]律法要求我们……设法确保社区中最弱的和最穷的人能有机会自给自足。"机会"可以是提供经济资源,但也可以包括接受教育、法律援助、投资于工作机会等等。这些帮助不应是把不用的东西丢给别人或发放一些救济品,而是关乎被帮助者的权利。……[7]

接着,莱特给出一个列表,说明如何帮助一个贫困家庭或个人走出一种长期依赖的状态。这包括教育、工作机会和培训、求职技巧和经济咨询,也包括帮助一个家庭买房置业。当然,"发展"是比救济更费时间、更复杂也更昂贵的。

贫困社区的需要

我们已经考察过如何帮助一个人或一个家庭。但要怎样帮助一个社区走向自立呢?我们若看一看珀金斯(John M. Perkins)的生命和工作,便基本上会得到这个问题的最佳答案。珀金斯生于1930年,他开创了密西西比州的城乡事工,以及洛杉矶的城市事工。他的工作包括一系列令人眼花缭乱的项目——从托儿所、农场合作社、健康中心、成人教育中心,到低收入住房发展、辅导、职业训练、青少年实习和大学奖学金项目,还有非常积极的福音和新教会植堂项目。[8]珀金斯的事工方法在当时很具有革命性,因为他将非常传统的福音派基督教神学和事工,与一种整全的视野结合在一起,帮助全人发展,也重建整个贫困社区。

弗吉尼亚大学的教授查尔斯·马什(Charles Marsh)认为,珀金斯和他的运动接续了马丁·路德·金的异象,就是"蒙爱的社区"。[9]马什认为,金牧师去世后,民权运动失去了其"合一的属灵异象",即相信社会改良来自草根的地方信仰社区。这场运动发展成了完全依靠政治和政府。珀金斯并不否认一些公共政策的重要性,如种族融合、平等就业机会和福利,但"珀金斯……得出结论说,单靠政府项目无法改善黑人社区中更深层的无望状况"。[10]

当珀金斯将社会改良、经济发展和积极宣教结合在一起成为一个整体时,他让世俗化的自由派民权运动和保守教会都非常疑惑,两边的领袖都不知道该如何看待他。但有很多年青的基督教领袖受到他的启发,在 1989 年成立了"基督教社区发展协会"(Christian Community Development Association),联络起几百间教会和地方发展合作机构。

重新安置和重新分配

珀金斯解释他的事工哲学时总是会提到三个基本因素。一个被他称为"搬家"(relocation),虽然另一些人称之为"重新做邻居"(reneighboring a community)。传统私人慈善和大多数政府项目在帮助穷人时,都不住在社区里,所以对社区的需要缺乏第一手知识,对居民也没有真正的责任可以承担。[11]珀金斯也谈到"重新分配",另一些人称之为"重组社区"。珀金斯看到,只是将福利支票发放给一些小镇的穷人,最终只会将资本转入城市另一端那些富有的银行家和店主手中。一个健康的社区会有它自己安全的街道、及时回应的公共制度、美观的环境、质量好的学校、好的经济、好的社会娱乐机会,并使人们可以广泛参与政治生活。[12]"重组"的目的是为了使上述各项都能实现。为此,必须设计一整套机制来重新指引经济资本、社会资本和属灵资本,让资源流入这个社区,而不是流走。

"经济资本"的意思当然是指吸引企业的能力,这些企业不仅能为顾客提供商品,也能为本社区保留财富和经济资本。通常,在一些困苦的社区中,工作机会很少,那里的企业(甚至包括银行)都是为了从本地消费者身上赚取资本,再投资到其他社区中。[13]甚至那些贫困社区中的雇主,如医院、诊所、政府中心和学校,通常都会雇佣一些不住在本社区或不在本社区消费的人。所有这些都造成社区经济资本的外流。

珀金斯所说的"社会资本",指的是本地领导力的培训和保持。要做到这一点,需要有优秀的本地学校,也需要有本地企业和机构来雇佣社区中的人,因为这样人们在增加技能时会感到更有价值和更有成效。通常在一些贫困社区中,学校的教育质量很差,而企业和机构都是由一些不住在那里的人经营。所有这些也造成社区社会资本的外流。

"属灵资本"指的是教会在社区内的属灵和道德影响力。社区在经济上和社会上的弱化,与它们的属灵资源弱化密切相关。一些信仰好的基督徒和教会都和其他人一样快地——甚至更快地——搬离了这些地方。

格尼克明确指出,谈到社区发展,其真正意义在于社区中的人才是"行动的主要执行者"。社区居民自己必须成为主要的"分析和规划的主体",而且他们必须能够控制改变的类型和步伐,这将影响到他们的家庭、社会生活和经济生活。[14]一般来说,任何一种"帮助"都会让居民陷入更多的依赖,因为这并没有真正将社会和经济资本带进这个社区中。企业雇主和机构需要成为他们的邻居,在那里居住,在那里消费,将他们的地产价值和关系网络建立起来。这就是一个社区的重建。

种族和解

珀金斯的贫困社区重建策略中还有一项重要因素,他称之为"种族和解"。在私人慈善和政府机构中,很多提供服务的人与领受帮助的人是不同种族的,后者被视为某种受害者。虽然珀金斯坚持认为领导力的发展应该以贫困社区为基础,但他还是"要求外人[通常是白人]来扮演一个培养本地领袖的关键角色"。当很多民权机构还"经常把外来人的角色激进化、政治化而牺牲了贫困社区民众的利益"时,他就已经这样做了。[15]

这两样因素——要求外来人扮演一定角色,以及坚持让本地居民有能力去控制他们自己的命运——意味着,社区发展的领袖层必须是多种族和多民族的。领袖层由一个种族构成(或者全是本地成员,或者全是外来职业帮助者),

这样很容易做到。但珀金斯知道，多种族的组合一旦形成，就会非常有力量。这是珀金斯最主要的贡献和挑战之一。这一给贫困社区最好的礼物（即来自不同种族和社会地位的人形成一种非家长制作风的合作模式），也是福音给我们的最好礼物之一。

圣经为种族和睦提供了深刻的资源，其中对上帝创造的描述，直接铲除了种族主义之源。圣经声称，所有人类都是"一个本源"（徒 17:26）。圣经中关于创造亚当的叙述，对我们如何理解种族是至关重要的。以下几句话摘自犹太圣经学者编纂的第一本重要的圣经注释《密什拿》（Mishnah）："为什么上帝只创造了一个人？他这样做，使得无人能对其他人说：我的父亲比你更优越。"[16] 因为所有人都是按上帝形象造的，所以没有哪一个种族本身比别的种族更优越。

那么种族主义究竟从何而来呢？在《创世记》11 章，巴别塔的故事告诉我们，地上的人类都充满了骄傲和权力欲望。为了惩罚这一骄傲，我们知道，上帝"混乱他们的语言"（7 节）。于是他们不能理解彼此的话，也不能在一起工作，就分散成了各个不同的民族。我们不能忽略这段叙述中那一深刻的信息：是人类的骄傲和权力欲望，导致了种族与民族的分裂、争战和仇恨。一位学者如此总结这段经文的教导："人类分裂成不同语言的民族，是人类不顺服的结果。"[17] 紧接着在《创世记》12 章，上帝临到亚伯拉罕，应许要拯救世人，这救恩要祝福"地上的万族"（*mispahah*）（3 节）。
"族"这个词的意思是民族、国家或种族。上帝看到人类家
庭合一遭到破坏感到非常痛心，并且宣称，他的旨意是要拆
毁种族主义和民族主义的藩篱，这些是人类的罪和骄傲所
导致的。

恩典和种族

新约完成了这个故事。在《使徒行传》2 章，当圣灵在
五旬节降临到教会时，还发生了另一个神迹。当年在巴别
塔，人们因语言变乱而不能明白彼此的意思；但在五旬节，
每个说不同语言的人却都可以理解使徒们所传讲的福音信
息。这翻转了巴别塔的咒诅，宣告耶稣的救恩可以修复种
族主义的创伤。在五旬节第一次被传扬的福音，是用每一
种语言传达的。这显明，没有哪一个文化才是"正确的"文
化。在圣灵里，我们可以有一种合一，是超越所有国籍、语
言和文化障碍的。根据《以弗所书》2：11—12，这带来的结
果是一个新的社区——由所有不同种族组成，而且彼此平
等，同为"公民"。根据《彼得前书》2：9，基督徒是一个"新民
族"。在教会里，有很多合作关系和友谊都是跨越种族障碍
的，这是福音临到和其大能的记号之一。在基督里，我们的
种族和文化身份虽然也很重要，但却不是我们认识自己的
最主要指标。我们与其他人在基督里的联络，比我们与自

己种族和国家的人的关系更加紧密。福音让我们都变成像亚伯拉罕一样的人，离开了自己的文化，但还没有"到达"另外那个目的地。所以，例如，中国基督徒不会放弃他们的中国人身份而成为别的什么人，但福音会使他们与自己的文化保持一定的距离，让他们可以批判自己文化中的偶像。

圣经最后几卷书展望了一个时代——上帝的子民被从"各方、各种语言、各族、各国"中招聚来合成一群（启 5∶9；7∶9；11∶9；14∶6）。耶稣的死和复活带来了世界历史的高潮，随之而来的是所有种族分裂和仇恨的终结。

在《创世记》12 章的应许和它在《启示录》中的实现之间，圣经中还出现过很多次对种族主义的谴责。摩西的姐姐米利暗因种族原因拒绝摩西的非洲妻子，因此受到上帝的惩罚（民 12 章）。约拿因按种族和政治（他们的富足威胁了以色列）看待尼尼微人，而不是看到他们的属灵需要，因此受到上帝的谴责。使徒彼得借着一个异象和外邦人百夫长哥尼流的归信，被教导得知种族和民族偏见的罪性（徒10∶34）。[18] 他看出"神是不偏待人的。原来在各民族中，凡敬畏他而行义的，都蒙他悦纳"（徒 10∶34—35）。虽然有这见证，但使徒保罗后来还是看见彼得拒绝当众与外邦基督徒一同吃饭，所以就指责彼得的种族主义态度。他说彼得"所行的不合福音的真理"（加 2∶14）。"所行的合福音的真理"，就是要与我们罪人完全凭恩典得救这个真理相一致。种族歧视是错误的，因为它反对一个根本原则，即所有人都是有罪的,只能靠上帝的恩典得救。保罗说,人若深刻地理解恩典的福音,这认识就会消除我们的种族偏见。一位基督教神学家曾写道:

> 基督徒一旦运用信心,就可以自由地……穿戴他的文化,就像穿上一件合适的衣服。如果他愿意,也可以马上换穿另一件文化衣服,正如保罗在《哥林多前书》9:19—23 所说的。而且他还可以自由地欣赏基督之光如何从其他文化的不同表达中射出光芒来。[19]

圣经从神学上对种族主义的攻击是非常有力的,而且作为回应,很多理想主义的基督徒开始建立一些"多文化"的社区,但这样的实践远比说起来更难。任何事物都不存在一种所谓中立的、不涉及文化的样式。如果你要建立一个来自不同种族的人的治理董事会,你们会怎样做决定呢?白人的、非裔美国人的、拉美的和亚洲的文化,都在以下这些方面存在非常不同的做法:确定事实、权威、劝说、时间观、达成一致等等。那么,哪一种文化的决策方式会成为主导呢?而且为什么必须是那种文化的方式呢?如果我们认为可以造出一种免于文化影响的方式并在一个群体中做决策,就太幼稚了。

虽然存在这些文化差异,但圣经却说,这些障碍可以被克服。基督徒之间的共同点超越了他们彼此之间的文化差异。而且由于福音可以使基督徒与自己的种族文化和价值保持距离，从而对其进行评判，所以他们有能力去接触其他文化的人，而且能够更好地与他们合作，不管这些人是否接受基督教信仰。当这一有关恩典和种族的神学充满一个基督徒、一个教会和一个社区的意识时，就会带来一种关系上的合一。这成为一种重新建立邻舍关系、重新组织社会关系，以及对世界直接见证福音之真实性的方法。[20]

改良和改变系统

我们说过，行义和帮助有需要的人包括三个层面。除了救济和发展(个人的和群体的)之外，还有一个层面，就是社会改良。社会改良看到的是直接解决人的需要和依赖之外的事，即改变社会状况和社会结构，而这些正是加剧或造成那种依赖的因素。你可以想象一段好撒玛利亚人比喻的续集。接下来的几个月，每当这个撒玛利亚人从耶路撒冷去耶利哥的时候，都会在路上看到一个被暴打、被抢劫的受伤者。最后这个撒玛利亚人说："要怎样才能制止这样的暴力呢？"

这个问题的答案在于某种社会改良，即建立一种新的社会机制，以防止更多的人成为受害者。有时，奏效的社会改良就是在街道上安置更多的警察。但另外一个方法是像"十点联盟"(TenPoint Coalition)一样的做法。"十点联盟"

是波士顿的一个牧师网络，目标是阻止九十年代在波士顿的黑帮枪杀。这个联盟成为此前彼此不接触或彼此为敌的机构之间的桥梁。它也与很多家庭、地方教会、波士顿警察局和美国地方检察官办公室建立起合作关系，干预黑帮活动，为刑满释放人员提供咨询辅导以及其他服务。[21]这一方法不仅帮助到个人，而且力图改变一些社会机制和社会机构。在一些情况下，社会改良还意味着修改法律。

我们已经讨论过该如何仔细地将摩西社会立法应用到我们现今的社会中。然而，圣经中有一些例子讲到一些人对社会公义极其热心，他们的努力甚至超出了以色列民族国家的范围。我们看到约伯就是一个例子。[22]他告诉我们，他不仅包裹赤身的人，而且"打碎了不义的人的牙齿，使捕食的掉下来"（伯 29：17）。但以理呼吁一个异教政府要为自己不怜悯穷人而负责（但 4：27）。我们将这些称为"纠正性正义"。我们每转到一处，都会看到一些人的需要。有一些城市机构只关注中产阶级和富人社区，并把资源带到这些人中间，却不关注穷人，这是不公平的。有一些法官收受贿赂，立法者被特殊利益"收买"，银行政策歧视某些社区，建筑规范检查员接受地产商和房东的贿赂，法律实施系统中也存在腐败。要扭转这些做法，就需要进行社会改良。

很多基督徒反感直接改变社会制度的想法。他们更愿意认为"社会的改变是由个体的改变开始的"，所以他们只关注宣教和个人性的社会工作。这是很幼稚的想法。我所知道的最显出其幼稚的例子，是一位城市牧师告诉我的一个故事，这位牧师名叫林西克姆(Robert Linthicum)。

当他还是一位学生事工实习生的时候，他帮助一个政府住房项目，在一个美国城市服务一些黑人青少年。一个叫伊娃的十四岁女孩开始参加他带领的圣经学习小组。有一次伊娃找到他，看起来心事重重。她说："鲍勃，我压力很大，但我不知道该怎么做。这里有一个很大的黑帮，要招一些女孩向郊区的白人男性卖淫。他们想要强迫我。……"他告诉这女孩不要屈服于他们的要求，要一直坚持来圣经学习小组。然后他就回家乡度假了。"三个月之后我回来了，却找不到伊娃。另外一个青少年告诉我，她在我回家一个月后就不再来参加小组了。我去了伊娃的住处。她一看到我就哭了：'他们找到我了，鲍勃。'我毫无同情心地问她：'你怎么能那样屈服呢？你为什么不反抗？'她告诉了我一个让人恐惧的故事。'他们先告诉我会打我爸爸，后来他们真的把我爸爸打得很惨。我没有别的办法。所以我屈服了。'我说：'但是伊娃，你为什么不寻求保护呢？你为什么不去找警察？'她回答说：'你以为他们是怎么样的人？'"[23]

林西克姆继续说，在那之前，他都只是严格地以个人主义的观点来看待罪。那时他才意识到，这个城市中的立法和警察系统都在以牺牲穷人为代价的情况下为富人服务。若不改变那些制度，就不可能拯救那个城市的"伊娃"们。[24]

林西克姆所讲的故事诚然悲惨，但压迫和不公义还是会以更残忍的方式出现，包括虐待儿童劳工、性拐卖、国家主导的宗教迫害、无审判或指控的拘禁、缺乏正规程序和正规支付的土地占用、强迫搬迁、对少数族裔的有组织暴力、国家或准军事化的恐怖主义，以及国家支持的虐待。[25]

以上例子的一个问题是，它们都非常突出和明显。然而大多数时间，这些体制性的罪都更简洁和微妙。穷困社区中的学校衰败和安保力度不足是更常见的，这常常是人们不公正地忽视这些问题而导致的结果。我们的政治和经济体制并不听取无钱、无权势者的声音。贫困社区的居民不具有影响力或技能，以吸引私人或公共资源进入他们的社区。他们需要帮助，但这不能只是借着救济或发展的方式。一些人必须反抗进而改变法律、政治和社会体制。

整全事工

在贫困社区行义包括直接救助、个人发展、社区发展、种族和解和社会改良。

把这些方面结合在一起的最佳例子，是马里兰州巴尔的摩市三德镇的新歌教会的事工，对此我在本书中已经多次提过。当格尼克、他的朋友提波斯夫妇（Allan and Susan Tibbels）和他们的两个女儿搬到这个贫困的非裔美国人内城社区时，一位生下来就住在拉瓦尼斯托克斯（LaVerne Stokes）的居民写道：

那是我们第一次看到有白人搬进来。我不知道他们想要什么。他们重修了一些空房子，就搬了进去，到街上逛，还参加社区集会，花时间和三德镇的孩子们在一起，包括我的孩子们。……当格尼克牧师和提波斯夫妇开创了一间教会后，社区中一些家庭加入了，我的孩子也让我去看看，我就去了。……[他们]对社区——我的社区——显出一种深深的爱，他们成了我的邻舍。我们一起开始了一些事工，去爱我们的社区，重建并恢复这个社区的健康和活力，即我还是个小女孩的时候所看到的样子。这包括设立一些和住房、教育和健康有关的项目，还有职业发展、经济发展和艺术发展方面的规划。[26]

与教会同时成立的，是一个以教会为平台的事工机构"新歌城市事工"，今天拥有八十多名工人，服务于西巴尔的摩的三德镇温彻斯特区。他们主要集中在这一区中北部的十五条街区范围内。这些事工包括"三德镇居民住房计划"（Sandtown Habitat for Humanity），自八十年代开始完成了两百多套住房的改建。他们的"伊甸园工作计划"（Eden Jobs）帮助一千多人找到了工作，而且每年继续帮助一百人。还有一个家庭健康中心、一个社区学习中心，包括学前班、课后辅导和一个奖学金项目。另外还有"新歌学校"（New Song Academy），一个在"新学校倡议"（New Schools Initiative）下建立的从幼儿园到八年级的公立学校。格尼克勾画出一个全面的计划,让人看到社会公义的所有这些方面可以如何被放置在一起。他说教会在贫困社区中可以扮演三种主要角色。

贫困社区中的教会可以作为使人得医治的群体。他引用一段话,将这一概念用社会科学的语言表述出来。他说教会"能够提供一种叙事,帮助人们度过经济困难,解决疾病和家庭的问题"。[27]这意思更好表达出来就是,"对于那些在街道上面临危险的年青人来说,教会是一个避难所和得拯救的地方。对于那些承受过多压迫重担的女性而言,教会是她们躲避这些风暴的港湾。对于那些在贫困中的人来说,教会是一个支持系统。"教会是一个医治和经历恩典的地方。

基督徒可以建立一些机构,以此作为社区的医治所,这是格尼克提出的,我们所说的"发展"正是这个意思。他的意思还包括"运营一些信用社和社区银行,创造、保留和吸引工作机会,为家庭和老人开发并管理房产,让孩子在课后学习一些课程并在宗教学校接受教育,为没有保险和支付不起医疗费的人提供预防性和主要健康医疗"等。

最后,教会应鼓励人们成为公正社区的组织者。这些是教会可以挑战并改变社会体制的方式。这特别包括动员人们去创立"教育孩子的本地学校"和"维持社区的公立服务"。[28]

我们该怎么做?

有成百上千个城市教会正在使用珀金斯的基督徒社区发展模式,而好几万内城教会也在实行一系列的整全事工。读者们一定很羡慕约翰·珀金斯或巴尔的摩新歌城市事工,但很多人也会问:"那我们该怎么做? 毕竟大多数基督徒(以及大多数教会)并不生活在贫困社区中。"就算我们承认更多基督徒应该与穷人住在一起,而且更多教会也应该在那些地方植堂,但这并不能回答这个问题。如果你和你的教会不是处于贫困区域,你应该做些什么呢?

你或你的教会应该开始探索附近区域的需要。是不是有一些弱势儿童(包括受虐待、被忽略的,身体残疾或智障的,在学校成绩不好的)需要帮助? 有没有一些老人、残疾人、单亲父母、长期患病的或新移民需要帮助? 有没有一些你可以看到的贫困家庭? 要知道这些需要,基督徒和教会需要更多地去聆听他们社区领袖的看法。

当救赎主教会在曼哈顿一个社区购置教产时,我们拜访了这个社区的议会人士和本地社区董事会。我们的一个问题是:这里有什么需要是你们和社区长期以来感到最难以解决的? 我们怎样可以让这个社区成为一个更适宜居住的地方? 虽然在写作本书时我们刚开始聆听这些问题的答案,但我们对得到的回复还是很满意的。我们接触的每一个人都因看到一个教会这样提问题而感到很吃惊。一般来说,教会和其他宗教机构都会假设他们最了解这个社区的需要。当救赎主教会询问它的新邻舍他们的需要是什么时,这似乎成了一件革命性的事。

你的教会可以做的另一件事,就是与一些在贫困社区和贫困国家常驻、并能有效服事当地人的教会和事工机构建立联系。询问他们有什么需要,很可能他们会说需要志愿者、职业人士的公益性参与、资金,甚至可能需要你教会的一些最棒的领袖去与他们一起工作,服务于社区的需要。但是,请让他们亲自告诉你们,他们需要什么。[29]

与有需要的人同工

很多人相信,教会的主要工作不是行义,而是传讲上帝的话、宣教和建造信徒。但是,如果对穷人的正义和怜悯确实是称义之信心不可或缺的记号,我很难相信教会能够不去反思这一责任。而且一旦你参与到人们的生活中(在宣教或属灵牧养中),你就会遇见一些有实际需要的人。你无法只用话语来爱别人(参约一 3:16—17),所以你不可能一边宣教、做门徒培训,却又不用行为来满足他们实际的和物质的需要。

正如我们已经看到的,教会设立一个特殊的服事阶层(执事),就是为了协调教会与社区中有需要的人分享金钱和物品。《哥林多后书》8：13—14 和《加拉太书》2：10 显明一些教会群体"每日服事"（diakonia）的实际案例：教会把奉献用于救济穷人，而这些奉献是由教会所指定的领袖们负责的。

但是，只要一个教会参与到整全事工中，就会遇到很多实际操作问题。一群在公义上同样持有基本异象的人，经常会在以下问题的具体回答上产生分歧。任何教会或基督徒群体，若想要在这项工作上有进展，就必须花时间在这些问题上达成共识。

我们需要提供多少帮助？任何服事有物质需要人群的教会或基督徒团契，都会发现事工是昂贵的。很多人会问，与教会其他事工相比，这项事工应该占多大的重要性？一个教会应该等到足够大且成熟，才开始参与社区服务吗？这需要是没有止尽的。教会应该将几成精力和财力投入这项事工呢？

我们应该帮助谁？你应该只帮助那些来寻求帮助的人吗？还是应该刻意去接触一个有需要的特殊阶层呢？而这些人应该多么"有需要"才能让教会帮助他们呢？在第 4 章我们看到爱德华兹对这个问题的智慧洞见。他认为，我们不应该等到一个人处于非常悲惨的境地才去帮助他。尽管如此，还是很难确知"界限在哪里"。教会和基督徒机构不能是僵化、机械化的，但他们也需要得出一些大家都认可的原则，否则就会不断有争论。

你的帮助在什么条件下需要继续或停止？那位接受帮助的人必须参加你的教会吗？还需要其他资格吗？资助是否应该优先提供给教会会友，然后惠及其他人呢，正如《加拉太书》6：10 和其他圣经经文似乎指出的那样？一些人认同《提摩太前书》5：1—10 中教会如何帮助寡妇的标准。[30] 但在《使徒行传》4 章我们看到，基督徒分享他们的财物，以至于每一个有需要的人都可以从教会的普通奉献中得到帮助（徒 4：34）。

我们应该以何种方式帮助？我们提到，行为事工可以包括三个层次：救助、发展和社会改良。你的教会只是救助，还是在更高、更复杂的层次上建立事工？你的教会事工只帮助有需要的个人和他们的家庭，还是会伸手援助一些有需要的阶层，如在家的老人、需要辅导的青少年或犯人及已被释放的犯人呢？

我们应该从哪里开始？你的教会应该让人搬进一些有需要的社区，还是让他们与那里的教会、机构和组织合作？让人"搬进去"会不会带来中产阶级化呢？

当你的会众思考这些问题时，应该总是宁愿因慷慨而犯一些错误，总是使你们的政策保持灵活性，保持开放的态度，允许出现在你们看来是"异类"的情况。

行义和传讲恩典

当基督徒行义时，他们必须面对一个重要问题，即公义怎样与他们作为信徒的其他责任联系在一起。具体而言，帮助穷人这一呼召与圣经中传福音的命令是怎样的关系？

有些人认为，基督徒只应该把行义作为一个宣教手段。也就是说，我们行怜悯、好公义，只是因为这会带领人相信基督。[31] 这并不符合耶稣的好撒玛利亚人的比喻，以及在帮助有需要的人时不要期待回报的教训（路 6∶32—35）。虽然耶稣也想到一些人会在经济上回报我们，但一个基本原则是，我们不应该期待人向我们感恩（32 节）。如果我们只帮助那些回应福音的人，我们就会被人们视为帮助别人只是为了帮助我们自己，也就是说，是为了增加我们的人数。

另一方面，还有一些人坚持认为行义就是传福音，就是宣教。行义的确可以使人有机会听福音，但若是将怜悯和正义的行为，等同于福音的传讲，那就是一种致命的混淆。我想提出一种理解传福音和社会正义之间关系的新方式。它们之间的关系应该是不对称和不可分割的。

向一个人传福音是所有事工中最基础、最根本的事工。的确如此，但这不是因为属灵的比物质的更重要，而是因为永恒的比暂时的更重要。在《哥林多后书》4∶16—18，保罗谈到人外在的、物质的本质在不断衰老、朽坏，但重要的是要让"里面的人"越来越兴盛。如果上帝存在,而且与他永远同在的生命是基于上帝的救赎,那么一个人对自己邻舍最大的爱,就是帮助对方认识上帝,获得得救的信心。

但是,正如我们看到的,行义与传讲恩典不可分割。这在两方面是确实的。第一,福音在我们里面产生一种对穷人的关切。第二,公义的行为给福音的传讲增加可信度。换言之,因信称义带来行义,而行义继而让很多人寻求因信称义。

《使徒行传》借助实例显明了这种动态关系。在《使徒行传》2 章,圣灵的降临和使徒与上帝的相遇,使得门徒们开始与穷人分享一切财物(44—45 节)。这带来的结果是,教会"得到全民的喜爱"(47 节)。得救的经历带来对穷人的慷慨,继而又吸引更多人聆听救恩的信息。我们在《使徒行传》4 章读到类似的状况。教会内部共享财物的做法,使得使徒向世界传讲复活的信息时如虎添翼,大有能力(徒 4:32—35)。最后,我们在《使徒行传》6 章看到,在"每日服事"(diakonia)这项事工建立稳固之后,路加说:"[于是]神的道传开了;门徒人数大大增加。"(7 节)"于是"一词体现出一种因果关系。跨越阶层界限的资源分享(在那些有需要的人和那些有产业可卖的富裕者之间),在希腊罗马世界非常罕见。所以,基督徒对有需要的人所做出的实际行动,让看到的人惊奇,也让他们对福音信息更开放。罗马皇帝朱利安(Julian)很鄙视基督教信仰,但他坦白承认说,信徒对穷人的慷慨,才让基督教如此吸引人,因此常常有新归信的人加入教会。

> 关于基督徒的迷信，没有什么比他们对陌生人的善行更有助于其增长了。……那些虔诚的加利利人不仅供应他们的穷人，也供应我们的穷人。[32]

我劝读者要审慎地看待我在这里提出的这种平衡关系。如果我们把传福音和社会正义混为一谈，我们就忽略了基督徒可以为这个世界做出的一件最独特的服事。除了信徒之外，其他人也可以喂养饥饿的人。但基督徒有耶稣的福音，所有人都可以借这福音重生，有得永生的确实盼望。除了信徒之外，没有人可以发出这样的邀请。但是，很多基督徒更强烈地关心传福音，而把行义视为一种分心之事，认为行义会使他们的焦点离开福音使命。这无疑是一个严重的错误。

请你想象一位很有口才的牧师，他每周日的讲道都大有能力。但会友中有一位女士得知，这位牧师每天都对他的妻子恶语相向。当她发现这一点后，她觉得这人的讲道完全不具有说服力。这不足为奇，不是吗？为什么呢？他的行为与他的言语相反，所以他的言语就没有力量了。你再想象一位新牧师，他在公众面前讲话的水平很一般。但是，时间久了，会众看到他具有金子般的品格，而且有智慧、谦卑和爱。很快，因为他生命的品质，他的会众会发现他们特别看重他传讲的每一个字。所以,当一个城市看到一间教会只是为她自己和她的会友存在时,这间教会传讲的信息不会给外面的人带来共鸣。但如果邻舍看到教会会友愿意牺牲自己,用令人吃惊的怜悯行为来爱这个城市,他们便会更愿意听这间教会的信息。怜悯和正义的行为应该是出于爱而做出来的,不只是为了传福音的目的。但是,对于基督徒,没有什么方式比行义更能为福音事工奠定基础。[33]

在教会事工中,言语和行为不可分割,因为人是一个整体,包括身体和灵魂。当一些基督徒说"看顾身体上的需要会让人分心而离弃传福音"时,他们想到的一定是在那些安逸、富裕的人中间传福音的事工。伦敦城市宣教(London City Mission,简称LCM)是一个有近两百年历史的福音派宣教机构,致力于在伦敦城市贫民中传福音。虽然这个机构的主要目的是传福音,但这是借着关系、探访和友谊实现的。它的使命宣言是:"同一个人,常常去到同一群人中,为耶稣的缘故,成为他们的朋友。"为了这一使命,LCM宣教士既不做大规模宣教,也不做轰轰烈烈的社会活动。他们的"言"和"行"天衣无缝地交织在事工当中。他们帮助邻居解决孩子的教育问题,或是帮助他们找工作并辅导他们学习英语(因其母语不是英语)。这一切与他们用语言分享他们的信仰很自然地结合在一起。在学术论文中我们会问:"基督徒应该传福音还是行出社会正义?"但在实际生活中,这些是同时发生的。[34]

　　在贫困社区居住或工作的基督徒,为了传福音,都不可避免地会帮助他们的朋友和邻舍,解决他们最棘手的经济和社会问题。不这样做就是没有爱,而且也是没有将信仰活出来。如果你想要和有需要的人分享信仰,而你却无视他们所处的痛苦状况,那你就是没有让他们看到基督的荣美。我们既不能把传福音与行义相混淆,也不能将两者分割开来。

正义的多重领域

　　在考虑应该如何行义时,信徒必须面对一个更实际的问题。他们是以个人身份去做,还是通过他们的教会去参与? 地方教会在正义事工中的角色到底是怎样的呢?

　　教会应该帮助信徒用福音来塑造他们生活的每一个领域。当爱德华兹教导他的会众如何生活时,他不断提到"福音的规则"。他这话的意思是指上帝在耶稣里的救恩之道。他对会众说:"如果你是一个蒙恩的罪人,这会怎样影响你的公众生活呢? 又会怎样影响你对穷人的态度呢?"所有教会都应该这样教导会众。

　　但这并不意味着教会作为一个组织,要亲自去做她可以装备会友去做的事工。例如,虽然教会可以带领一些信主的电影制片人反思他们的电影艺术该如何深刻地被福音影响,但这并不意味着教会就应该成立一个公司来制作电影。没有哪一个机构或组织可以做好所有的事情——这同样适用于教会。

关于这一点,凯波尔(Abraham Kuyper)的"领域主权"(sphere sovereignty)概念会对我们有些帮助。凯波尔是二十世纪初的一位基督教传道人,也是荷兰的首相。作为一名神学家和政治家,他能反思教会、政府和志愿组织的角色。凯波尔得出结论,认为制度化教会的使命是传福音和牧养基督教社区中的信徒。在进行这一工作时,教会所牧养的信徒中有些人从事艺术、科学、教育、新闻、电影和商业。他们以各不相同的方式生活工作,但都是基督的信徒。这样看来,教会是培养出一些可以改变社会的人,但地方教会自己不应该参与这些工作。凯波尔区分了制度化教会和"有机"教会——前者是指在领袖带领下聚在特定场所的会众,后者包括所有基督徒,他们在世上作为个人,存在于不同机构和志愿组织中。[35]

我相信凯波尔大体上是正确的。我们已经谈过不同"层次"的帮助穷人的事工:救济、发展和社会改良。正如我们讲过的,教会在领袖的带领下,当然应该开展一些针对他们自己会友、社区和城市的救助和发展的事工,这是一种向世界显明上帝品格、爱那些他们正向其传福音或进行门徒训练之人的自然而且重要的方式。但如果我们应用凯波尔的观点,那么当基督徒参与更伟大的社会改良和纠正社会结构的工作时,他们应该借着机构和组织来实践,而不是通过教会。制度化教会应该在内部及其周围社区施行救助,而"有机"教会则应该进行发展和社会改良层面的事工。[36]

这不但是一个神学原则,也是一个非常实际的问题。有很多实践珀金斯事工模式的教会都建立了社区发展机构,与他们的教会相区分,为要在社区内实施一些项目。这让地方教会的牧师和领袖们可以自由地借着传福音和门徒训练建立教会,也让在其他领域有专长的一般信徒去带领与行义相关的主要事工。如果有教会不按凯波尔的建议去行,而是要在所有层次上行义,他们就会发现,社区更新和社会正义这些工作将耗尽教会在传讲、教导和牧养上的精力。[37]

行义要做到一系列的平衡。这意味着要在言语和行为两个方面开展事工,而且不仅借助地方教会,也依靠分散在世界各个领域的基督徒个体。这意味着要参与救助、发展和社会改良。我们做所有这些事,不只是因为我们从圣经学习到贫困的原因很复杂,也因为基督的福音给我们一个装满各种武器的兵工厂,可以攻克世上的不公正和苦难。但这些"武器"中没有一件是字面意义上的武器。我们所进行的争战不是那样的争战。正如一首著名的赞美诗所说的,"天国的降临,不是借着刀剑挥舞,也不是借着军鼓隆隆,而是借着爱和怜悯的行为。"

第7章
在公共领域行义

> 学习行善，寻求公平，指责残暴的人，替孤儿伸冤，
> 为寡妇辨屈。
>
> 《以赛亚书》1:17

当基督徒传福音时，他们只需要获得其他信徒的支持和理解。但当信徒要在世上行义时，他们会发现，与一些不同信仰的人一起工作是必须的，也是一件很好的事。想在某一社区行义——或想要进行社会改良（如改善公立学校质量）；或结束世界其他地方的种族"清洗"；或清除城市中的"血汗工厂"——的基督徒，会找到很多愿意与他们合作的同盟者。[1]

基督徒应该和其他宗教或无宗教人士合作去行义吗？

如果可以,他们应该怎样去做呢? 为了回答这些问题,我们必须考察一下现代社会后期的公共领域状况。在这一社会中,有关如何定义"正义"这种讨论,几乎已经完全崩溃了。

"这是一个有关正义的问题"

我曾经听到一场争论,某个非盈利机构的几位员工在讨论谁有资格代表此机构去参加一个重要会议。一些人相信,应该派一个工龄最长的女士去参加。其他人则提出,应该让一个年青男士去参加,虽然他只工作了几年,但却非常擅长在公众面前陈述。随着谈话的进行,支持那位女士的人越来越激愤。最后,一个人说:"很抱歉,但对我而言,这是一个有关正义的问题。"此时,大家戛然而止,陷入沉默。很快这群人同意让那位女士赴会,但很明显,支持那位男士的员工感到他们被强势压倒了。为什么会是这样? 因为我们的社会把称某个问题为"正义问题"当作一张王牌。如果你在和一个人争论,而这人突然说他的立场可以促进正义,那你就无话可说了。如果继续争论,你就好像站在了非正义一方,谁愿意那样呢?

但是,这种做法是很有问题的。支持那位男士的员工们并不觉得被说服了。他们认为能力比工龄更重要,但在讨论时,其中一组没有按这两方面来衡量两位候选人的优缺点,而是简单地给另外一组的立场贴上"非正义"的标签。

那位女士的支持者虽然赢得了这次争论，但却制造出嫌隙。

只说别人"非正义"是不能说服人的，这是因为我们的社会在如何定义"正义"上出现非常严重的分歧。几乎每个人都认为他们站在正义的一方。反对堕胎（pro-life）和支持堕胎（pro-choice）的人，都将他们的立场说成是站在正义的一方。支持和反对"平权行动"（affirmative action）的双方，都坚持他们的立场是公平的，而对方是在加剧不公。但在所有贴标签做法的背后，是人们对"正义"究竟是什么有截然不同的理解。民主党更多是从集体角度去理解正义。他们相信低税率不公正，因为这剥夺了贫困人群和少数族裔可以获得的帮助，而这些人需要这样的帮助才能克服多年受到歧视所造成的损失。共和党更多是从个人角度去理解正义。他们相信高税率不公正，因为这窃取了人们该得的——他们付出代价并努力工作才获得自己的收入。

实际上，"正义"一词在我们的文化中并没有获得一种所有人都能认同的定义。所以，我们只是将这个词作为一种棍棒来使用。我们自义地认为，对方那些人知道自己是不正义的，但实际上他们并不这么认为。

空洞的概念

你可能会说："等等，正义不是一种常识吗？它的意思不就是要尊重平等和个人自由吗？"但"自由"和"平等"这些词在当今社会的用法，并不能帮助我们去定义什么是"正义"。

哈佛法学院的克拉尔曼（Michael Klarman）说："'自由'，就像'平等'一样，是一个空洞的概念。……自由是好还是坏，完全取决于以'自由'之名所从事的事业的特定本质。"[2]另外一位法学教授韦斯滕（Peter Westen）曾在《哈佛法律评论》上写过一篇题为"平等的空洞思想"（The Empty Idea of Equality）的论文，他也持同样的论点。[3]他们是什么意思呢？

当我们诉诸自由的原则时，我们通常的意思是，人们应该自由选择如何生活，只要他们不伤害或贬损别人的自由。[4]这一看似简单的思想有一个问题，那就是，它假设我们在什么是"伤害"这个问题上意见一致。用一个著名的例子，一个人可能会说，严格的反淫秽法律是不正义的，因为这些法律有损我们的言论自由。没有人会强迫人使用"成人级"资料和电影，除非他们自己购买和使用。这里的合理化理由是，"我在私下所做的事，并不会伤害任何人。"根据这一观点，限制这类产品的自由生产和使用是不正义的，因为它并不会伤害他人。

但是，我们可以说这种观点从社会学上看是一种幼稚的看法。其一，你在私下所做的事会塑造你成为怎样的人。你使用的电影和资料对你的言行举止，以及你和别人的关系都会产生影响。你与社区其他人有互动，所以你在私下所做的事就会影响到其他人。而且,除此之外,如果你购买这些资料,你就为此类产品创造出一个市场,而这意味着它们可能会被孩子购买到,而这些孩子的家长们强烈反对他们的孩子看此类资料。所以你的购买和使用强迫了很多人住在一个他们不希望自己的家庭处于其内的环境中。你所认为"自由"的同样一种处境,也许别人会认为是强加给他们的一种压迫。[5]

我还可以举出很多其他例子。如果你创建一个新企业,然后与我的企业竞争。因为你那个企业更有效、利润更高,很快就会让我破产。难道我不能说你在严重地伤害我,你的企业应该被关闭吗? 在美国,我们会说你的新企业并不构成伤害,因为从长远来看,自由企业相对有益于人类的繁荣。但是,还有很多文化并不这样认为。所以,自由的确是一个"空洞的"概念,正如克拉尔曼所认为的,自由所追求的事物,总是涉及一些人们固守的信念,扎根于对人性、幸福以及对错的具体看法中,而这些都关乎信仰。我们都认同,伤害他人的那种自由应该被限制,但我们不能达成一致说明那是怎样的伤害,因为我们都对繁荣健康的人类生活应该是什么样子持不同的观点。[6]

所以,支持那位工龄最长的女士的人若只说对方"非正义",是没有益处的。正如克拉尔曼所言,你需要讨论正义背后的那些深层价值的益处是什么。但这些人从未进行此类讨论,而这个画面正是我们今天社会的样式。

几个不同的异象

哲学家麦金泰尔（Alasdair MacIntyre）写过一本书，书名为《谁的正义？哪种合理性？》（*Whose Justice？Which Rationality？*）。[7]在这本书中，他列出我们社会中几种不同的正义观，而且追溯至像亚里士多德、阿奎那和休谟这样的思想家。最能揭示这几种不同观点如何运作的书，是哈佛法学院教授桑德尔（Michael Sandel）的《正义：什么才是正确的事？》（*Justice：What's the Right Thing to Do？*）。[8]桑德尔列出当下三种正义观，他称为"福利最大化"、"尊重自由"和"促进美德"。[9]根据第一种，最正义的事是能给最多人带来最大益处的事。根据第二种，最正义的事是尊重自由和每个人自由选择生活的权利。根据最后一种，当人们按他们本应该有的样式去行动，并且符合道德和美德时，就满足了正义的要求。在具体情况中，这些不同观点带出对"什么是正义"的截然不同的结论。[10]

为什么我们的社会在正义的概念上陷入这样的僵局？所有正义的观念背后，都存在一套本质上是宗教性的假设，但这些却没有被人们认识到。法学教授史密斯（Steven D. Smith）写了一本很重要的书《世俗叙述的祛魅》（*The Disen- chantment of Secular Discourse*）。他提醒我们，根据主导政府、政治和学术界的世俗叙述规则，没有人被允许将宗教信仰带到公共讨论中。我们不能谈论道德权利和道德方面的恶,因为这会让我们陷入无休止的争论——哪一种宗教信仰才是真确的。我们只能用一些中立性的关于自由和平等的词汇来讨论正义,这些词是我们都认同的。但正如我们看到的,这样的做法并不起作用,因为我们对正义的想法根植于我们的人生观,而人生观与不可证明的信仰假设密切相关。史密斯写道:

今天公共讨论只允许使用世俗词汇,然而世俗词汇不足以表达出我们一整套规范性信念和承诺。我们依然勉强地讨论一些规范性事物,但只是偷用了一些不被正式允许的观念。……实际上,我们必须偷用。……我们真实的承诺是[我们]常常无法说清楚的……甚至对于我们自己都是如此。这就招致一个后果:我们所说出来的通常都是贫瘠的、不令人满意的和肤浅的。……[11]

我举一个简单的例子。人们常说体罚儿童违反人的权利和尊严,所以应该是非法的。但是,关于人类尊严的思想,并不存在一个世俗的、科学的基础,说人类是有价值的、不可触犯的。历史学家贝克尔(Carl L. Becker)曾说过一句著名的话,从严格的科学观点来看,人类必须被视为"不过是地球表面的一种偶然存在物,无意中被自然力量夹在两大冰河世纪中间,这些自然力量也是让铁生锈、让谷物成熟的力量"。科学家霍金(Stephen Hawking)认同说"人类只是一个中等体积星球上的一类化学渣滓",而最近哈佛心理学家平克(Stephen Pinker)写了一篇题为"尊严之愚蠢"(The Stupidity of Dignity)的文章。任教于伦敦经济学院的著名哲学家格雷(John Gray)在《草狗:对人类和其他动物的思考》(Straw Dogs:Thoughts on Humans and Other Animals)一书中写到,那些热爱科学、仍然持守人文主义自由主张的人,都是在自欺,他们居然还相信人的尊严和权利。[12]

所以,史密斯得出结论说,"体罚触犯了一个孩子的尊严和权利"这种说法似乎比如下说法更客观:"我认为体罚孩子是违反道德的。"但后者更直白地表达出你如何得出你的结论。[13]世俗叙述的规则让我们偷用一些道德价值观判断,来支持我们关于正义的推理,而不用向别人——或甚至向我们自己——承认这些判断。因此,针对一些真正差异点的深入讨论还从未发生过。

桑德尔还给出一个更有争议的例子。他说,人们最熟悉的自由派支持堕胎权利的观点,"宣称可以在中立和选择自由的基础上解决堕胎问题,而不用进入道德和宗教的复杂争议中"。[14]支持堕胎的人认为,那些反堕胎人士都在努力将一些特殊的道德和宗教观点强加给社会,而他们自己则不会这样做。他们只是在为选择的自由辩护。桑德尔反驳说:

但这种论调站不住脚。因为如果一个正在发育的胚胎从道德上讲等同于一个孩子,那么堕胎在道德上就等同于杀婴。而很少有人会支持说政府应该让父母决定是否杀掉他们自己的孩子。所以支持堕胎的立场在这背后的道德和神学问题上并不真正是中立的,它建立在一种隐含的假设上,就是说,天主教在胚胎的道德地位上的教导……是错误的。[15]

桑德尔的观点还可以在美国奴隶制的问题上得到说明。为什么我们没有给人们拥有奴隶的自由?因为作为一个社会,我们做了一个道德性的决定,认为所有种族的人都完全是人。所以,如果我们的社会给女性选择去堕胎的自由,那是因为我们也做出了一个道德决定。桑德尔得出结论说:"说法律应该在道德和宗教问题上保持中立,是不足够的。允许堕胎并不比禁止堕胎更中立。两种立场都是以对其背后的道德和宗教争议的某种答案为前提。"[16]

桑德尔不是一个宗教信徒,他本人支持堕胎权利,但他仍得出结论说,正义总是"论断性的"。[17]在所有正义陈述背后,都有一套本质上是宗教性的假设,但这些是我们不允许承认或讨论的,所以我们的社会在这些问题上陷入僵局。我们在什么是正义的问题上不能达成一致,因为我们不能讨论我们背后的信仰。

合作和挑衅

在这种环境中，基督徒应该怎样行义呢？我认为基督徒的公义事工应该带有两个特点，就是"谦卑合作"和"敬意挑衅"。

基督徒面临很多让他们既不想谦卑也不想合作的试探。他们从圣经中已经得到很多关于公义和公正生活的标准。这让他们极其容易去鄙视所有那些非基督教的正义观，认为那是没用的，正如很多世俗人士对宗教信仰的态度一样。

但是，基督徒自己的神学应该引导他们进入对桑德尔所列出的我们社会中那些不同正义观的欣赏之情，因为他们从圣经知道，这些观点有正确的成分。功利主义者关心的是普遍福利。而从《箴言》中我们得知，按公义生活的人们不将自己的财富视为仅仅属于自己，而是视为属于周围社区。自由派最关心个人权利。我们看到，圣经给我们提供了权利这一思想的最强大根基。根据圣经，你的邻居若来到你面前询问什么事，你要以有利于他福祉的方式对待他，而不能虐待、欺骗或绑架他。为什么呢？因为《创世记》9:6说，他是按上帝形象造的，所以他本身有价值，他的尊严不可侵犯。

最后，保守派相信正义是给人们他们所本应得到的，是为了促进美德。正如桑德尔和其他人所表明的，不论是功利主义者的"伤害"原则，还是自由派对平等权利的强调，都不足以指导我们去行义。在对自由和平等的呼吁背后，总是有一套道德直觉和价值判断。基督徒会全心认同这一点。圣经原则给基督徒很多重要的洞见，可以评断桑德尔提出的各种情形。有时基督徒会认同一种思潮，另外一些时候他们会认同另一种。[18] 换言之，根据圣经，美德、权利和共同利益都是正义的主要方面。

为什么基督徒应该期待，很多人虽然并不认同圣经信仰，却仍会为同样的目标努力呢？使徒保罗教导说，人哪怕从未读过或了解圣经，但"[上帝]律法的作用是刻在他们的心里，有他们的良心一同作证"（罗 2∶15）。神学家们将其称之为"普遍启示"，与圣经中的"特殊启示"形成对比。上帝将他的诸多旨意启示给人的良心，是借着我们所说的"自然之光"。[19] 例如，有人不相信圣经的教导——上帝按他的形象造人。尽管如此，每一个人的神圣性和尊严都是人靠着本能就可以知晓的。

正因为这一普遍启示，基督徒相信每一种文化中都存在某种"普遍恩典"。正如我们在《雅各书》1∶17 学到的，上帝将智慧、良善、正义和美丽这些恩赐分给所有人，不管人们的信仰如何。[20] 在基督徒看来，人在科学、学术、技巧、管理、艺术和法学上的技能，都来自上帝。[21] 这一恩典被称为普遍恩典，是因为上帝将其赋予了所有人，不只是那些在基督里有救恩的人。但正如神学家茂（Richard Mouw）所指出的，这恩典"提供了基督徒可以与非基督徒合作、向他们学习的基础"。[22]简言之，圣经警告我们，不能认为只有相信圣经的人才关心正义，或愿意为实现正义而牺牲。正如一位神学家所说的："善行和舍己在人类每一种族和阶层中都会出现，这不是因为我们是善恶交织于其身的被造者，而是因为即便在我们极深的悖逆中，上帝也约束我们，并将他的荣耀和良善展现在我们身上。"[23]

那么，基督徒应该意识到，社会中的一部分人总是会认识到圣经中称为"正义"的事。当我们在公共场合发言时，我们应该深思熟虑并怀感恩之心，承认基督徒不是唯一看到世上需要的一类人。我们不能简单地引用圣经经文，并将其抛给别人。正如作家迈尔斯（Ken Myers）所说的，"当基督徒表达一些文化价值时，这些价值应该是非基督徒也可以接受的。这不是因为我们先前就已经相信'多元主义'，因而竭力不去冒犯别人，而是因为我们所表达出的价值，[出于普遍恩典的原因]，实际上是一些普遍价值。"[24]

基督徒在行义时应该表明自己信徒的身份，欢迎所有人一起合作，也平等地对待他人。信徒应该让他们的同工知道，福音是如何激励他们做事的。但就像迈尔斯所说的，他们应该尽可能多地诉诸普遍价值。

我们在这里说的是一种平衡。一方面，有一些基督徒想要为社会改良努力，他们只借着引用圣经表达原因，用强

硬的言语对待那些与他们信仰不同的人。另一方面，还有
一些人劝基督徒不要寻求社会正义，他们觉得这些努力会
让基督徒变得更像世人。相反，他们说，基督徒应该只关注
带人归信基督、建立教会。前一类人是过分的凯旋主义者
(triumphalist)，而后一类人对文化改变和社会改良的可能
性又太悲观。神学家卡森博士(Don Carson)曾写过，一旦
我们撇弃那种"救赎文化"的乌托邦梦想，我们应该审视历
史并承认说，"一些社会结构的改善和改良"是有可能的：

> 有时一种疾病可以被消灭。有时性拐卖可以被减少。
> 有时奴隶制可以在一个区域内被废除。有时更平等的法律
> 可以促进正义、减少腐败。……在这些以及其他无数方面，
> 文化改变是有可能的。更重要的是，向城市的人行善，向所
> 有的人行善(尽管我们对信徒——神家的人——负有特殊
> 责任)，是我们作为上帝救赎子民的一部分责任。……[25]

我们已经谈过，基督徒应该承认有"普遍恩典"，即非基
督徒会在良善的、真实的、正义的事上与我们有同样的直
觉。我们应该诉诸这些普遍价值，与我们的邻舍一起工作，
努力促进社会正义。我们应该认同，根据圣经，我们社会中
所有对正义的不同观点都有部分道理。

但它们也部分地是错误的。桑德尔列出的这几个理
论，每一个都将一个因素(美德、权利或共同利益)作为比其

他两样更重要的"底线"。但是,圣经对正义的理解并非根植于任何一个因素,而是根植于上帝自己的属性和存在。这意味着,没有哪一个当下的政治理论可以表达出圣经中完全的正义观,而基督徒不应该与任何一种特殊的政治党派或哲学走得太近。

很多教会不加批判地采用某种自由派的政治主张,希望政府有更多权力。但另外一些教会则采用某种政治保守主义进路来看待正义,坚持认为贫困(至少在美国)不是不公义的法律、社会结构和种族主义的结果,而是家庭解体的问题。正如我们看到的,圣经在这些方面的记述如此微妙、平衡,不能简单地纳入任何一个政党主张中。而且,如果我们将圣经太紧密地与任何一个经济体制或一套公共政策捆绑在一起,就会赋予那一体制神圣的权威。

所以,基督徒在与世人谦卑同工时,也应该怀着敬意去挑战他们,指出他们的正义观是过于简化和不完整的。

"正义不可避免是论断性的"

我们为什么应该这样做?难道最好的策略不是更实用一些、在一起做事而不谈我们的信仰与别人(他们也对同样基本的社会目标感兴趣)多么不一样吗?在短期内,这样做并没有什么不妥,但从长期来看,这会对社会不利。

我们的社会不可能理解我们所持不同正义观背后的深

层信仰。我们若坚持认为,所有讨论都要避谈道德或宗教信仰,那么我们就不能讨论为什么我认为一件事是对的、是正义的。桑德尔已经清楚表明,"自由的中立"这一思想(意思是"我们不应该把道德或宗教信念带到关于正义和权利的公共讨论中"[26]),虽然几十年间主导了现代法律和立法,但实际上不可能真正践行。他写道:

> 正义不可避免是论断性的。不论我们争论的是金融援助、代孕母亲、同性婚姻、平权法案或执行总裁薪酬,正义问题总归会与人们对尊严和美德、骄傲和赞誉等不同概念交织在一起。正义不只是关于如何合理地分配事物,也是关于如何正确地评价事物。[27]

"评价事物"总是基于人们对生命目的、人性和对错的信念,所有这些都是道德性和宗教性的。

古希腊哲学家相信所有事物和人都是由超越力量所设计的,是为了一个目的(telos),若不清楚那个目的是什么,人就不可能决定该怎样生活。例如,想象一下,我是一个从某个偏远地区来的人,我从未见过手机(或电话)。你给我一个手机,我马上就拿它来敲地面上的桩子。当然,它会坏掉,而我会抱怨说:"你给我的这个东西没有用。"你会解释说这个手机不是用来敲地桩的,而是用于远距离交流的。除非你了解某样事物的目的,它是用来做什么的,否则你不可能确定这事物是好还是坏。

我们怎么确定人类的行为是善还是恶呢？亚里士多德及其追随者会回答说：除非你确定人类为什么目的存在，否则你无法回答这个问题。[28]

亚里士多德给出的一个最佳例证，正是人权概念。很多人仍然相信，人权思想是世俗启蒙运动思想家们——如霍布斯和洛克——发展出来的。康奈尔大学的蒂尔尼（Brian Tierney）证明这种观点并不属实。人权思想的起源，正是从十二世纪和十三世纪的基督教法律思想中产生的，尤其是根植于一个基督教教义，即人类都是按上帝的形象造的，所以本身就有尊严。[29]

我们从霍金、平克、格雷那里听说，没有任何中立的科学基础可以证明每一个人，不论性别、种族、年龄和能力，本身都是有价值的。所以，即使是持无神论和不可知论的哲学家们都承认，人权概念需要一种宗教维度。盖塔（Raimond Gaita）曾经如此写道，当世俗思想家谈到"不可剥夺的权利"时，他们"力图诉诸理性，但那是理性最终不能担保的"，因为人权思想之根源，在于"人之神圣性"这一概念，而这是从宗教传统中来的。[30] 就连哲学家德里达（Jacques Derrida）也承认说：

今天，国际法的房角石就是神圣性，人类的神圣性。不能杀人的意思是，你不能冒犯这一神圣性而犯罪，因为你邻居的神圣性……是上帝创造的……。在这层意思上，反人类罪的概念是一个基督教的概念，而且我认为，今天没有什么法律不具有基督教传统、亚伯拉罕传统、圣经传统。[31]

马克思主义文学评论家伊格尔顿(Terry Eagleton)也反对一些无神论作家——如道金斯(Richard Dawkins)和希钦斯，因他们贬低宗教对人类社会中维护正义的作用。伊格尔顿写道："科学和神学之间的差异，在于你是否看这个世界是一件礼物。"[32] 他在《理性、信心和革命》(Reason, Faith, and Revolution)一书中论证说，一个人活在世上，看待自己是偶然的个体，还是上帝的神圣创造和礼物，这两种观点差别极大。

这绝不是说非宗教人士不可能相信人的尊严和人权。成千上万的人能够相信，而且的确相信。[33]但任何此类信念本身，在本质上都是宗教性的。

一段新谈话

桑德尔、史密斯以及很多其他人都说，我们必须再次开始在公共叙述(public discourse)中谈论道德和宗教信仰。世俗公共领域的规则仍不允许我们谈论这些问题，因为人们惧怕谈宗教信仰会导致无止境的公开分歧。但是，我们已经处于一个无止境的分歧中了，原因很大程度上恰恰在于我们活在一种幻觉中,就是以为我们可以做到道德和宗教上的中立。然而,由于我们不能谈论我们真正的差别,我们只会用高压攻势让我们的对手被弱化和边缘化,而没有说服他们。我们应该改变对话中的这些规则和气氛。基督徒可以在这一改变中扮演很重要的角色,就是从大喊"不正义!"转而与众人一起谈论并一起寻求正义。

另外一个认同这些观点的重要人物是奥巴马总统,他曾说过:

世俗主义者让信徒在进入公共领域之前,把他们的宗教留在门外,他们这种说法是错误的。道格拉斯(Frederick Douglass)、林肯(Abraham Lincoln)、布莱恩(William Jennings Bryan)、戴(Dorothy Day)和马丁·路德·金这些人——事实上美国历史上绝大多数伟大的改革者们——不仅被信仰激励,也在争取他们的事业时反复使用宗教语言。所以,若有人说人们不应该将他们"个人的道德"带进公共政策辩论中,这实际上是很荒唐的。我们的法律,究其本质而言,是一套关于道德的法律汇编,而其中很多都基于犹太—基督教传统。[34]

在公共领域还存在不少声音,要基督徒避谈他们的信仰,发出这些声音的人们继续相信可以在"中立的、世俗化的原因"之基础上讨论正义。如今,这一观点可能正在逐渐衰退。

　　一个社会对正义的寻求从来不是在道德上中立的,而总是建立在一种对现实的理解上,这种理解在本质上是宗教性的。基督徒不应该持刺耳、谴责人的言语或态度,但也不应该在他们对正义的激情有圣经根基这一点上保持沉默。

第8章
平安、美和正义

我把你们掳到的那城，你们要为她求平安，为她向
耶和华祈祷；因为她得平安，你们也得平安。

《耶利米书》29：7

圣经中的正义观念是全面的、实践性的，但也是非常高
远与美好的。这是上帝在历史中的一部分作为。上帝使人
类与他自己和好，而且因为这一伟大的作为，他也让所有事
物与他自己和好。他叫天上地下万物都在基督里合而为一
（西 1：20；弗 1：10）。这是什么意思呢？

上帝的艺术品

希伯来圣经以非常独特的视角看待这世界的起源。大

多数其他古代记载都将创造描述为宇宙中敌对力量之间战争或斗争的结果。[1]

根据中国传说,远古时期的巨人盘古从一个卵形的古老星体中出来。当他死的时候,他身体的组成部分就化成了这个世界:他的眼睛化为太阳和月亮,他的身体化为高山,他的血化为水,他的肌肉化为大地,他的胡子化为森林。一个非洲故事讲到一个巨人病了,呕吐出一个世界,先是太阳、月亮和星星,接着是植物和人类。诺斯替主义者教导说,高高在上的神是不可知的,而与这位高等神的旨意相悖的是一个低等神,就是"德穆革"(demiurge),它创造了有缺陷的物质世界。在北欧神话中,奥丁神(Odin)杀了巨人尤米尔(Ymir),并用他的身体创造了宇宙和其中的居民。巴比伦神话《天地初开》(Enuma Elish)也讲了一个类似的故事,马杜克神(Marduk)击败了海洋女神提阿马特(Tiamat),并用她的肢体造出了一个世界。

所以,在大多数古代神话中,可见的宇宙都是冲突和权力争战的结果。但是,圣经中的创造叙事却截然不同。圣经学者拉德(Gerhard von Rad)提出,以色列和周围的民族不同,他们无法想象出一个与他们的上帝同等的神圣力量。[2]所以,创造是上帝独一的工作,并没有其他力量的参与。他创造世界,不像一个战士挖战壕,而是像一个艺术家创作出一幅图画或一座雕塑。上帝是一个工匠、一个艺术家。

一栋房子和一件衣服

圣经用来描述创造的形象有时具有建筑性含义。上帝对约伯说："我奠定大地根基的时候,你在哪里呢? ……谁定大地的尺度? "(伯38:4—5)起初,上帝创造世界,不只是给我们作为家园,也是作为他荣耀的居所(赛66:1)。在《诗篇》中我们看到,当上帝创造世界时,世界先要有个根基——正如一栋房子需要根基,而那个根基就是"公义和公正"。犹太学者温菲尔德(Moshe Weinfeld)说:"这是指宇宙中充满平等、秩序、和谐,而毁灭和混乱力量业已被除去。"3上帝从混乱中带出了秩序,就像一个建筑工人拿一堆原材料,合宜地将它们彼此连接在一起,造成一栋房子一样。

圣经不仅用造房子,也用一件衣服的编织来描述世界的受造。上帝在空虚混沌中创造了一个宇宙,也将一堆乱线编织成一片画毯。在古代,织衣服费时又很昂贵,所以这是一个很恰当的比喻,有助于表达物质世界的奇妙和特点。海洋(诗104:6)、云彩(伯38:9)、天空的光(诗104:2),以及所有自然力量(诗102:26),都被称为上帝所编织并仍继续编织着的衣裳。

所以,世界不像一个熔岩堆,是随机喷发出来的,而更像是一件织物。这件织好的布匹包括数不尽的丝线,彼此交织着。织物的比喻比建筑物的形象更能表达出一种关系的重要性。如果你把成千上万条丝线扔在一张桌子上,它们不会自动形成一块布。这些线必须被合宜地、紧密地编织在一起,以上千万种方式联系在一起。每一条丝线必须围绕其他成千上万条丝线。只有那样,你才能编织出美丽、坚固的布匹,可以遮盖、穿戴、合身、蔽体,也让人喜悦。

上帝创造万物,并让万物处于一种美好、和谐、互相依赖、编织在一起的关系中。正如一些物理元素合宜地构成一个宇宙或画毯一样,人类也是合宜地居住在一起,才形成一个社区。圣经将这种交织的关系称为"沙龙"(shalom),或和谐的和平。

不同形式的平安

在英语圣经中,"shalom"通常被翻译为"peace"(平安,和平),但它的意思远超过这个英语单词的含义。它指的是完全的和解,一种在各样维度(身体、感情、社会和灵性)上的充分繁荣,因为所有关系都健康、完全而且充满喜乐。[4]

当你身体健康时,特别是当你还年青时,你有精力、体力和美貌,因为你身体的所有部分都在统一协作。但当你受伤时,你身体的一些部分就与其他部分脱节了。癌细胞不再与身体中的其他系统协作,而是攻击这些系统。当你身体的一些部分不能相互依存地运作时,你会经历到身体上的"平安"丧失了。当你死去的时候,你身体的各个部分都解体了。

当你处在心理健康阶段，那是因为你情感上的需要正是你的良心和理性所认同的。你的各种内在功能正在一同协作。但有时你会发现自己强烈地向往某种东西，而你的理性告诉你它是无用的，或你的良心告诉你它是绝对错误的，但你情不自禁地想要得到它。于是你经历到一种内在平安的解体，一般被人们称为"愧疚感"、"纠结"或"焦虑"。

然后还有社会平安。在卡普拉（Frank Capra）的电影《美好人生》（It's a Wonderful Life）中，贝利（George Bailey）和他的家人在纽约州贝德福瀑布镇（Bedford Falls）经营一个储蓄贷款公司。多年来他们帮助过无数家庭以公平合理的利息得到贷款，而且在贷款不能偿还时还表现得很有耐心，很有爱心。作为这间公司的总裁，贝利的"底线"不是最大利润，而是这个社区和顾客的繁荣。当然，这种方式不可能让乔治很富裕。但电影中有一刻，当他有自杀的念头时，他得到一个异象，看到如果他"没有出生的话"（他正希望是这样的），这个社区会是什么样子。他在异象中看到的是一幅几个富裕家庭被整个贫瘠、失序的小镇家庭包围着的画面。这些富人不是和善的邻居，而是一些彼此争竞、残忍自私的人。若没有贝利的努力，这个小镇早已失去了它的社会平安。当社会解体时，当犯罪、贫困和家庭解体大面积发生时，那里就没有了平安。但是，当人们彼此分享资源，也一起合作，让公共服务恢复，保持环境的安全和美丽，学校正常授课,商业繁荣,那么这个社区就经历到社会平安。当有权势的人将资源投资到穷人中,社区就经历到繁荣或社会平安。

失去平安

但是,总的来说,这个世界并不常有平安。这种状况是怎么造成的呢?《创世记》开篇告诉我们,在伊甸园,人与上帝同行,也服事上帝。在上帝的治理和权威之下,才是乐园。我们在世俗世界中大致也知道这一点。能干的经理可以在接手不盈利的企业或体育加盟店时,借着他们的领导力,把情况翻转过来。在这种新的、有能力的权威之下,冲突会结束,团队有凝聚力,异象被更新,每个人都开始成长。这一画面略微透露出在真实和永活的上帝绝对治理下的样子。所有事物都会发挥出它们的潜能,并在完全的和谐中繁荣发展。

然而,当人类背离上帝、拒绝他的治理和他的国度之后,所有这些都结束了。《创世记》3章全面而详细地交代了其后果。罪进入了世界,毁坏扭曲了每一样受造物。因为我们远离了上帝,我们也就与真实的自己疏离并彼此疏离。我们的自我专注,已经带来更深的社会罪恶,包括战争、犯罪、家庭解体、压迫和非正义。当我们失去与上帝的关系时,整个世界停止了"正常运作"。世界充满饥饿、疾病、衰老和身体上的死亡。因为我们与上帝的关系瓦解了，平安也不复存在了，不论是灵性的、心理的、社会的还是肉身的平安，都不存在了。

正义和平安

现在我们要更明确地考查圣经在谈到正义时是怎样定义的。总体来说，"行义"的意思，就是你的生活方式会促进一个健全社区的诞生，人们可以在那里繁荣发展。但是，具体来说，"行义"的意思是到那些失去平安的地方，去修复平安。在那里，社会的一些弱势群体正从社会编织体中坠落。[5]当我们集中精力满足穷人的需要时，平安就会来到。

我们怎样才能做到呢？唯一重新编织和坚固这块织物的方法，就是将你自己编织进去。人类就像那些丝线。如果我们把金钱、时间和能力都留作己用，而不是用在我们邻舍的生命中，那么我们就算彼此确有接触，也不算是编织在一起的，即在社会关系、人际关系、财力和情感上都是脱离的。重新编织平安的意思是牺牲自己，献出你的时间、物品、力量和资源，将之注入别人的生命和需要中。

耶鲁大学教授格罗斯（Nora Ellen Groce）的《这里每一个人都讲手语》（*Everyone Here Spoke Sign Language*）一书，提到了整个社区都在行义和寻求平安的最佳真实生活个案。[6]二十世纪八十年代,格罗斯正在马萨葡萄园岛(Martha's Vineyard)做遗传性耳聋的研究。在十七世纪,此地最早的欧洲移民都来自英国肯特郡的一个被称为"原野"(the Weald)的地方,那里遗传性耳聋的发病率非常高。因为马萨葡萄园岛的地理位置封闭,再加上本地人之间常年彼此通婚的原因,岛上的耳聋人口比例一直在增加。到了十九世纪,奇尔马克镇上每二十五个人中就有一个耳聋。[7](今天,因为人口流动和与岛外人通婚,那里的遗传性耳聋已经消失了。最后一个耳聋者在 1952 年就过世了。)

在大多数社会中,身体有残疾的人都被迫要适应非残障人士的生活方式,但这不是马萨葡萄园岛上发生的事。一天,格罗斯正在访问岛上一个年迈的居民,她问他有听力的人怎么看待那些耳聋的人。他回答说:"我们没有怎么特殊看待他们,他们就和其他每个人一样。"格罗斯又问:"那么这里的每个人在与耳聋者交流的时候,一定需要把话写下来吧?"这个人吃惊地回答说:"不用啊,你知道吗,这里的每个人都会手语。"格罗斯问他说的是否是耳聋者的家人。他回答说:"不。镇上的每个人,我会说,我妈妈也会,每个人都会。"另外一个受访者说:"那些人不是残疾,他们只是听不见。"[8]另外一个人说:"他们[耳聋者]和其他任何人一样。我不用过分温和,因为他们对此会很敏感。我只需要像对待其他人一样对待他们就好。"[9]

的确,这里发生的是,整个社区为了少数人的益处,宁愿让自己也处于劣势。他们没有让耳聋的少数人去学唇语，而是所有听得见的人去学手语。[10]所有听得见的人都成了可以讲双语的人，所以耳聋的人也可以完全参与到社会生活中。这一"行义"的做法（让自己处于劣势）带来的是大多数人"经历到平安"，他们把一些在其他地方可能会被排除在外的人纳入社区生活中。"当奇尔马克镇有社交活动或其他场合时，每个人都会来，而且他们［耳聋者］特别喜欢，就像其他人一样。他们很开心，我们都是。……他们是这里的一部分，他们被接纳。他们中有渔夫、农夫和其他行业的人。……在某些场合，如果耳聋的人比听得见的人多，每个人就都用手语——为要礼貌待人。"[11]就这样，耳聋作为一项"残疾"在镇上已经基本消失了。

格罗斯的研究中最有趣的一方面可能在于它揭示出有听力的人改善了他们的交流能力。他们发现手语除了用在和耳聋者交流上，还有很多其他用处。孩子们会在教会讲道时或者在学校老师背后用手语交流。邻居们在田间距离很远时可以用手语传递信息，或用望远镜边看边用手语交流。一位女士记得她父亲过去能站在疾风凛冽的峭壁上，向下面的渔夫们打手语传递信息。另外一个人记得一些不能说话的病人用手语传递他们的需要。[12]

换言之，这些听得见的葡萄园岛居民所愿意承担的"劣势"（即愿意费力学习另外一种语言），结果成了有利于他们的一件好事。他们的新能力让生活更便利、更有成效。他们改变了他们的文化,为的是包容一部分处于弱势的少数族群,但这个过程使他们自己和他们的社会更丰富了。

马萨葡萄园岛是一个独特的例子。但是,在每一个时代和文化中,同一原则还是成立的。强者必须愿意为弱者的缘故去承受劣势,多数人应该为少数人这样做,否则社区就会衰败,社会关系的编织物就会破裂。

正义和美

1999 年哈佛大学英语系教授斯卡利写了一本书,内容是关于她如何看待二十世纪后期学术界的主导观点,即美和吸引力是特权的侍女,会将政治力量的利益掩盖起来。与此观点恰恰相反,她的观点从这本书的标题中就可以看出来:《论美和正义》(On Beauty and Being Just)。她宣称,美能带领我们进入一种更正义的生活。她的第一个论据是,观察美好事物的人,会产生一种与人分享这美事的激情。这会"使人进入(可能是我们第一次进入)一种确定的状态中"。[13]她说,美给我们一种不可避免的确信,哪怕我们在智性上"没有形而上意义上的参照标准"。美使人确信人生不是随机、无意义的,而且善或恶是存在的。我们希望将那种经历与他人分享,让别人与我们一同赞扬并与我们一起享受这美。[14]

她的第二个论据是,美拥有极其强烈的力量,可以让人

"脱离自我中心",把注意力从自己身上转移开。她在此引用了哲学家默多克(Iris Murdoch)的著名演讲"善的主权超过其他概念"(The Sovereignty of Good over Other Concepts)。默多克描述说,当她有一次正陷入焦虑和自恋时,她抬头望见窗外一只鸟正在顺着上升的热气流飞翔。

我们是被焦虑充满的动物。我们的头脑中总是积极地编织出一种焦虑的、自我关注的、虚假的面纱,它会部分地遮蔽这世界……我在一种焦虑和憎恶的心态中向窗外望去,思想一些对我声誉造成的损害。然后,我突然看到一只盘旋的红隼。在一瞬间,一切都改变了。那个焦虑和沉思的我连同那受伤的虚荣心顷刻间都消失了。……而当我回头来思考另外一件事时,它变得不那么重要了。……[15]

斯卡利观察到,在默多克的经历中,一幅美丽的画面占据了"她此前那忙于保护和推举自我(或其声誉)的所有空间"。在这美丽的画面前,你不再是你自己故事中的主角。你不再是焦点。你经历到一种"每个人与其他人的关系中的对称"。[16]

神学家爱德华兹在他的《真美德的本质》(The Nature of True Virtue)一书中说,人类只有在把上帝视为无限美好的那一位时,才会脱离他们自己,进入服务他人的无私行动中。[17]我这里有一个例子,可以说明他的意思。如果你听巴赫的音乐是为了让人觉得你很优雅(或因为你想这样看自己),那么这音乐只不过是一个达到某种目的的方式,这目的就是提高你的声誉。但如果你听巴赫的音乐是因为你觉得这不仅有益处,而且是很美的事,那么你听这音乐本身就是满足。

爱德华兹教导说,借着经历上帝的恩典,你发现他是美好的。然后,你去服事穷人的目的就不会是为了把自己想得更好,为了得到好名声,认为这样做会有利于你的生意,或甚至为了你的家庭(因为它使得这个城市的环境更适合你的家人居住)。你这样做是因为服事穷人尊荣上帝,蒙上帝悦纳,而尊荣上帝、蒙上帝悦纳本身就是你的喜乐。

斯卡利和默多克所说的与爱德华兹所说的并不是一回事,后者诉诸上帝的美作为一种正义生活的基础。但总的来说,他们都认识到,人的本性中包含一种阻碍人行出正义的力量,而这力量是无法简单借着教育、辩论和劝说就能挪去的。我们需要一种对美的经历,使我们脱离自我中心,吸引我们成为正义的人。

哥伦比亚大学教授吉特林(Todd Gitlin)给斯卡利的书写了一篇评论,他并没有被这一观点说服。他引用斯坦纳(George Steiner)的话,并且指出纳粹党人白天屠杀民众,夜间欣赏莫扎特。[18]爱德华兹教导说,"次等的美"(正如艺术之美)可能会产生某种让人谦卑的、祛除自我中心的效果,因为所有美都是从上帝而来。但我肯定他也会认同吉特林的观点,即这样的美不足以导致正义。但是,有一种至高的美可以做到。

在穷人面前的上帝

《箴言》19:7 和 14:31 是对很多圣经内容的总结。第一段经文说,如果你善待穷人,上帝就会算作你在善待他。第二段经文告诉我们另外一面,即如果你藐视穷人,这就意味着你藐视上帝。

地方银行臭名昭著的做法之一,是歧视性地对待一些贫困的非白人社区。也就是说,他们拒绝给居住在这些区域的申请人发放抵押贷款和小企业贷款。他们的根据是,他们看数据时得出结论,这些社区的居民没有能力还贷。但是,上帝说我们不应该这样对待穷人。实际上,他在《箴言》19:7 说的是:"你胆敢歧视他们! 不要看到一个人就说,'如果我和他搭上关系,我肯定会吃亏的。' 我把你给穷人的礼物,当做你给我的。我会以某种方式偿还这贷款。我会返还给你,你要信任我。"

这不是一个发家致富的应许,却是一个丰富你的生命、满足你的需要的应许(可 10:29—31)。这是多么了不起的一个应许啊! 在你生命中,你或许早就有家人、朋友和邻居,存在一些长期的问题,而且你觉得很难去爱他们。在你的社区中还有更多这样的人。主说，不要退缩而不愿把自己奉献给那些破碎的、伤痛的和有需要的人，我会回报你。

但这里还有一个更深的原则。如果你侮辱穷人，你就是侮辱上帝。这原则就是，上帝与寡妇、孤儿、移民和最无权力、最弱势的社会成员站在一起。当旧约说上帝与穷人站在一起时，这是一句很强烈的话。但这基本上是一种修辞手法。直到你读了新约，才会完全了解上帝认同穷人到什么程度。

在《箴言》中，我们看到上帝象征性地与穷人站在一起。但在耶稣的道成肉身和受死中，我们看到上帝真的与穷人和被边缘化的人站在一起。耶稣出生在马槽里。当他父母为他行割礼时，献上的祭物是两只鸽子，这是社会中最贫穷的人才使用的祭物。[19]他生活在穷人和被边缘化的人群中，当体面人反感他的时候，这些人却接近他。我们看到他过的是怎样的生活，因为他说，"狐狸有洞，天空的飞鸟有窝，人子却没有栖身的地方。"（路 9:58）在他人生的最后阶段，他是骑着一匹借来的驴驹进入耶路撒冷，在一间租来的房屋中度过最后一夜，而当他死的时候，也被放在一个借来的坟墓中。兵丁甚至抓阄分了他唯一的财物，就是他的衣服，他在十字架上被脱光了。他赤身死去，身无分文。他没有享受一丝这个世界所看重的东西，也没有带走一毫。他被厌弃、被弃绝了。但唯独因为他，我们才有了盼望。

上帝在耶稣基督里不仅站在穷人一边，也站在那些受到不公正对待的人一方。博伊斯博士(Dr. James Boice)曾经有一篇讲道,题为"基督受审的非法性"(Illegalities of Christ's Trial)。[20]他考查了《约翰福音》18 章耶稣在犹太公会的受审,列举了这次审判中所有违反正义的方面:审判没有公共告示,是在半夜执行的,耶稣不被允许进行辩护,他在审判过程中被打。后来,巡抚彼拉多在知道这个案子证据不足的情况下,还是屈服于政治压力。最后,耶稣被残忍地折磨、钉死。在所有这些方面,耶稣都与千千万万无名的、有冤屈的人们站在一起——这些人遭受监禁、被夺去财物、被折磨、被杀害。

很多人说:"当我看到世上所有不公义的时候,我不能相信上帝。"但请看耶稣——上帝的儿子,他了解成为不公义的受害者、抵挡强权、面对一个腐败体制而且被杀害是怎样的经历。他了解被凌迟处死是怎样的痛苦。我不确定你怎样去相信一个远离不公义和压迫的上帝,但基督教不要求你相信这样的事。这就是为什么基督教作家斯托得(John Stott)能够说:"若不是十字架,我自己是不会相信上帝的。在充满痛苦的真实世界中,人怎能去敬拜一个不受痛苦影响的上帝呢?"[21]

这是什么意思? 你要记得《马太福音》25 章。末日耶稣会在审判宝座上说:

"因为我饿了,你们给我吃;我渴了,你们给我喝;我作旅客，你们接待我；我赤身露体，你们给我衣服穿；我病了，你们看顾我；我在监里，你们来看我。"义人就回答："主啊，我们什么时候见你饿了就给你吃，渴了就给你喝呢？又什么时候见你作旅客就接待你，赤身露体就给你衣服穿呢？或者什么时候见你病了，或在监里就来看你呢？"王要回答他们："我实在告诉你们，你们所作的，只要是作在我一个最小的弟兄身上，就是作在我的身上了。"（太 25：35—40）

在审判那日，不要对主说，"我们什么时候见你渴了、赤身露体、在监里呢？"因为答案是：在十字架上！在那里，我们看到上帝多么愿意与世上受苦的人站在一起。而他是为我们这样做的。耶稣本应得到无罪释放和自由，却在十字架上遭受咒诅，好让我们这些因罪本当被咒诅的人可以获得赦免（加 3：10—14；林 5：21）。这就是上帝与穷人认同的终极例证。他不仅成为穷人和边缘人中的一位，也代替我们这些灵里贫穷、破产的人（太 5：3）付上罪债。

这就是一件美好的事。要将这放进你生命的中心，你的心就会成为正义的。

很多年前，我听一个男士讲述他认识的一位年长富有女士的经历。[22] 她从未结婚，也没有孩子可以继承产业，只有一个亲属，一个侄子，希望可以继承她的财产。他在她面前总是很和善并留意倾听，但她从别人那里听到的一些事，让她怀疑这种印象的真实性。她财产的去处不是一件小事。她要保证受惠者能智慧、慷慨地使用这笔财产,所以她决定自己去弄清楚。一天早上,她穿上破旧衣服,假扮成一个无家可归的人,躺在她那个侄子市区房子外的台阶上。当侄子出门的时候,就咒骂她,而且让她离开,否则就要报警。所以她了解到侄子内心真实的状况。他对穷女人的反应,揭示出他的真实本性如何。

《箴言》14:31 说:"欺压贫寒的,就是辱骂造他的主。"圣经中的上帝说:"我就是那个在你家门口的穷人。你对他们的态度,揭示出你对我的真实态度。"一个竭力为穷人行义的生命,才是真正有从福音而来的信心之不可缺少的记号。

注 释

引言 为什么写这本书？

1 国家与社区服务公司（The Corporation for National and
Community Service）是美国政府的一个独立机构，为支持社区
服务和志愿者活动而创立，也是出版 *Volunteering in America*
的机构。这句话引自 Mark Hrywna, "Young Adults Fueled
Spike in Volunteers," in *The NonProfit Times*, July 28,
2009，参见 http://www. nptimes. com/09Jul/bnews-090728-
1. html。

2 同上。

3 参见 Walter Rauschenbusch, *A Theology for the Social
Gospel* (New York: Macmillan, 1922)第 19 章"社会福音和代
赎"(The Social Gospel and the Atonement)。在那里，饶申布
什否定了代罪的理论，将耶稣的死视为要显明这世界的不公
正，并要表明我们必须将牺牲的、无私的慷慨作为治疗这世界
之罪恶的操作原则。

4 Jonathan Edwards，"Christian Charity：The Duty of Charity to the Poor，Explained and Enforced，" in vol. II of *The Works of Jonathan Edwards*，ed. Sereno Dwight（Carlisle，Pa.：Banner of Truth Trust，1998），p. 164.

5 有人可能会反对说，爱德华兹在这里只是谈到向穷人所行的慈善(charity)事业，与正义无关。但对于爱德华兹而言，charity 一词的意思远远超过我们今天使用的意思。我在其他章节会谈到爱德华兹的观点。

6 Amy Sullivan，"Young Evangelicals：Expanding their Mission，" in *Time*，June 1，2010. 参见 http://www.time.com/time/printout/0,8816,1992463,00.html on July 10，2010。Sullivan 写道：今天的年青福音派人士是完全不同的。他们很有社会意识，关注事情的原委，不希望引起争论。而且他们很快促成一个市场，接受像"为美国而教"（Teach for America)这样的世俗机构的服务。自 2007 年以来，因为大学毕业生的就业远景堪忧，"为美国而教"收到的申请数量为过去的两倍。但来自基督教学院和大学的申请是过去的三倍。就其毕业生加入"为美国而教"的数目来说，惠顿学院现在名列小学院中第六位（超过像卡尔顿学院和欧柏林学院这类学校)。典型的惠顿学生，像最新一代福音派中的许多人一样，都同时热心于传福音和行善。

7 另外一个例子是 Joel B. Green and Mark D. Baker，*Recovering the Scandal of the Cross*（Downers Grove，Ill.：Inter-Varsity，2000)。

8 Christopher Hitchens，*God Is Not Great*：*How Religion Poisons Everything*（New York：Hatchette，2007).

9 Jeffrey(化名)是这个学校里最聪明的学生之一。当他高中毕业时,他所在年级的所有其他学生都进入了私立大学或常春藤大学。但他支付不起这些学校的高额学费,就进入一间学费很低的公立学校。尽管如此,他最终还是继续攻读了博士,今天在美国最出色的一间研究生院任教。

10 参见 Brian Tierney, *The Idea of Natural Rights: Studies on Natural Rights, Natural Law, and Church Law* 1150 – 1625 (Grand Rapids, Mich.: Eerdmans, 1997)第 1 章。亦见 Nicholas Wolterstorff, *Justice: Rights and Wrongs* (Princeton: Princeton University Press, 2008)第 2 章"A Contest of Narratives"。

11 David L. Chappell, *A Stone of Hope: Prophetic Religion and the Death of Jim Crow* (Chapel Hill: University of North Carolina Press, 2004). 亦参 Richard W. Willis, *Martin Luther King, Jr., and the Image of God* (New York: Oxford University Press, 2009)。这本书提出,金和非洲裔美国人教会都非常强调圣经中所说的,就是人都是"按上帝的形象"造的,所以是平等的,必须得到应有的尊严。

12 这一工作的部分结果可以在我这本书中找到:*Ministries of Mercy: The Call of the Jericho Road* (Grand Rapids: Zondervan, 1986)。

13 Harvie M. Conn, *Evangelism: Doing Justice and Preaching Grace* (Grand Rapids: Zondervan, 1982).

14 Elaine Scarry, *On Beauty and Being Just* (Princeton: Princeton University Press, 1999).

第1章　什么是行义？

1 本书中的圣经经文通常使用新国际译本(中文圣经采用中文新译本。——译者注)。有时我会提供我自己的翻译。例如,新国际译本(NIV)一般将 *gare* 这个词译为"寄居者"(alien),而我一般翻译为"移民"(immigrant),因为我觉得这种翻译更能让现代读者理解。这个词的意思是"住在你们中间的外来人"。

2 Gornik 现在是纽约城市神学院(City Seminary of New York)的院长。我认为 Gornik 的事工是关于如何在一个贫困社区行义的杰出的、有教育意义的案例。在他的 *To Live In Peace*：*Biblical Faith and the Changing Inner City* (Grand Rapids：Eerdmans，2002)这本书中,对行义事工(特别是城市内的)作出重要的神学反思。我们会在第 2 章再谈 Gornik 的工作,我们会听到他分析一个穷困社区是怎样产生的。在本书第 6 章,我所提供的一个平衡事工系统的概览,就是 Gornik 和其他人在巴尔的摩发展出来的。

3 参见 Peter Craigie，*Twelve Prophets*，*Volume 2*：*Micah*，*Nahum*，*Habakkuk*，*Zephaniah*，*Haggai*，*Zechariah*，*and Malachi* (Philadelphia：Westminster，1985)。书中说,"虽然先知信息的三个部分中,每一点都教导我们非常深刻的道理,但最重要的还是这信息的整体。"(47 页)参见 Bruce K. Waltke，*A Commentary on Micah* (Grand Rapids：Eerdmans，2007)，p. 394。

3' Waltke，*Micah*，p. 394.

4 据我所知,这个词是 Wolterstorff 造出来的,75 页。

5 Howard Peskett and Vinoth Ramachandra，*The Message of*

Mission：The Glory of Christ in All Time and Space (Downers Grove，Ill.：InterVarsity Press，2003)，p. 113. 这四类人也在另一本书中被引用：Tim Chester，*Good News to the Poor：Sharing the Gospel through Social Involvement* (Nottingham，UK：InterVarsity Press，2004)，p. 19。

6 Howard Peskett and Vinoth Ramachandra，*The Message of Mission：The Glory of Christ in All Time and Space* (Downers Grove，Ill.：InterVarsity Press，2003)，p. 113. 亦引自 Tim Chester，*Good News to the Poor：Sharing the Gospel through Social Involvement* (Nottingham，UK：Inter-Varsity Press，2004)，p. 19。

7 这个词的主要来源是 Gustavo Gutiérrez，*A Theology of Liberation：History, Politics, and Salvation* (Maryknoll, N. Y.：Orbis，1973)。这本书有了十五周年纪念版，出版于 1988 年。

8 Wolterstorff，p. 79.

9 同上。

10 Christopher Wright，*Deuteronomy* (Exeter，UK：Paternoster，1996)，p. 13.

11 J. A. Motyer，*The Prophecy of Isaiah：An Introduction and Commentary* (Downers Grove，Ill.：InterVarsity Press，1993)，p. 471.

12 这些是 Wolterstorff 的用词，我认为它们比一般的标签更积极、更具有描述性。纠正性正义(rectifying justice)一般被称为"报应性正义"(retributive justice)，即惩罚作恶者和重新确立权利；而首要正义(primary justice)一般被称为"分配性正义"(distributive justice)，即让商品和机会在社会更公平地分布。

13 Christopher Wright 精辟地总结道："在特定情形下，为使人们和环境都修复到与公义（*tzadiqah*）相符的状态而需要做的事就是正义（*mishpat*）。"*Old Testament Ethics for the People of God*（Downers Grove，Ill.：Inter Varsity Press，2004），p. 237.

14 Francis I. Anderson，*Job：Tyndale Old Testament Commentary*（Downers Grove，Ill：InterVarsity Press，1975），p. 231.

15 父亲帮助孩子的比喻，在很多方面是有用的。好父亲会直接帮助他的孩子们——他喂养他们，保护他们不受伤害。但好父亲不希望他的孩子永远依赖自己。他希望他们可以长大，可以自立。所以，同样，帮助穷人可以由直接的救济开始，但最终的目标应该是让他们有能力自立。让穷人有依赖性，是一种父权主义的、缺乏慈爱的并最终是不正义的做法。

16 Wright，*Old Testament Ethics*，p. 257.

17 ［这段文字］故意不用消极词语来定义什么是公义。不去抢劫是不够的，一个公义的人应该是一个积极主动地行出慷慨的人。一个人"从来没有伤害过任何人"是不够的，就像人们常在失去亲人的场合听到的。人不禁要问："不错，但是，他有没有向什么人行过善呢？"Christopher J. H. Wright，*The Message of Ezekiel*（Downers Grove，Ill.：InterVarsity Press，2001），p. 194.

第2章　正义和旧约

1 Craig Blomberg，*Neither Poverty Nor Riches：A Biblical Theology of Possessions*（Downers Grove，Ill.：InterVarsity Press，1999），p. 39.

2 Christopher Wright，*Deuteronomy*（Carlisle，UK：Paternoster，

1996), p. 188.

3 一个长期存在的问题是,虽然旧约中的信徒被要求奉献收入
   的十分之一,新约中的基督徒也被要求这样做吗? 我们一直
   使用的原则(即基督的来临更改了旧约律法,但律法在某种意
   义上还是有效力的)也适用于十一奉献。在《路加福音》11:42
   中,耶稣批判法利赛人"把各样菜蔬献上十分之一,却把公义
   和爱神的事疏忽了"。也就是说,他们在奉献上很殷勤,但他
   们在生意上却剥削人,在社会关系上也不公正。接着耶稣还
   说"这些是你们应当作的,但其他的也不可疏忽"。换言之,耶
   稣肯定了十一奉献,但也指出仅仅这样做是不够的。也就是
   说,对于一个基督徒来说,十一奉献是慷慨和行义的最低标
   准。在蒙上帝祝福和亏欠上帝方面,基督徒不比旧约时的信
   徒要求更低。所以,我们不能把上帝对慷慨的标准想象成新
   约要低于旧约。正所谓"多给谁,就向谁多取"(路 12:48)。

4 至于这是否是第三年的额外十一奉献(即那一年要奉献百分之
   二十),或是否意味着只有第三年的十一奉献才如此分配,对此
   仍存在争议。我们知道,到了约瑟夫(生活在基督时代之后的
   一位犹太作者)的时代,犹太人不仅在第三年交两份十一奉献,
   而且还将额外的"十一奉献的三分之一"特别给与穷人,这使单
   个家庭在那一年的奉献增加到百分之二十三点三。参见 Craig
   Blomberg, pp. 46ff, and Wright, pp. 183 - 186。

5 现代读者在了解到摩西律法允许奴隶制的时候,常会感到生
   气。一位朋友曾对我说过,"上帝要求奴隶们每七年被释放一
   次,这很好,但他为什么从一开始还允许奴隶制存在呢?"然而,
   需要提醒的是,旧约时代的奴隶,更像一个"契约仆人"
   (indentured servant),而不是我们今天所称的"奴隶"。当一个

以色列人沦为奴隶时，这只是一种暂时的状态，因为他欠了债。在以色列，通过绑架或拐卖让人沦为奴隶的人，是可以被处以死刑的（申 24:7；提前 1:9—11）。而且，你不能虐待奴隶，因为即便你只是伤害到他的牙齿，他都可以因此而被释放（出 21:27）。

最有趣的经文是《申命记》23:15—16，那里说道："如果一个奴仆离开了他的主人，逃到你那里来，你不可把他送交他的主人。他要在你中间和你同住，住在他自己选择的地方，住在他喜欢的城市，你不可欺负他。"这一条与古代和现代任何其他社会中存在过的奴隶法都完全相反。奴隶法总是处罚那些逃跑的奴隶，以及那些藏匿他们的人。但这一律法是什么意思呢？圣经学者 Christopher Wright 提出两种理解。第一，如果这指的是所有以色列的奴隶，那么它的前设就是以色列的奴隶制并不特别残酷，以至于产生很多逃跑的奴隶。的确，《申命记》15:16 之后的经文允许一个奴隶在安息年之后自愿保持仆役身份，这说明很多人是自己选择这样做的。所以，一个逃跑的奴隶有可能是被人虐待的。"当我们读旧约时，我们需要将自己头脑中那些罗马划桨奴隶或近代黑奴的形象去除，因为这些形象与以色列的奴隶是不具有可比性的。" Wright, *Deuteronomy*, p. 249.

即使这条律法只说到逃跑的外族奴隶（而不是以色列奴隶），这也表明它是在刻意批判这一制度［奴隶制］本身的性质。也就是说，奴隶制作为一种社会制度，它自身具有的法律权利和义务，服从于将奴隶作为一个有需要的人的权利。在这里，弱者（寻求庇护的奴隶）的需要从法律上讲优于强者的法律诉求（主人要求他回来）。"（250 页）换言之，主人在奴隶身上的经济投资,与将奴隶作为一个人对待的绝对道德命令相比,前者是相对的。Wright 得出结论说:"《申命记》中这条关于奴隶制的律法所指的方向,最终会瓦解奴隶制本身。"(同上)

6 Blomberg,45 页。

7 同上,46 页。

8 关于爱德华兹对这一状况的思考,参见本书第 4 章。

9 圣经中的一个例子是《列王纪下》4:1—7。一个女人失去丈夫,无力偿清债务,因债主的无情而成为无家可归的人。"自然灾害"(她的丧夫)让她在强大的经济压力面前变得毫无抵御之力。只有上帝介入时,她才得救。上帝借着先知以利沙行神迹,把一壶油加增成一桶一桶的油,储备起来,让她可以变卖了还债。圣经中还有其他人物帮助遭受灾害的人免受无情之人的伤害,包括波阿斯(《路得记》4 章)和约伯(《约伯记》29 章和31 章)。

10 有两篇《纽约时报》的评论表明,更多人开始接受这样一种对贫困所作出的微妙、平衡、复杂的看法。参见 Orlando Patterson, "A Poverty of Mind," in *The New York Times*,March 25, 2006,以及 "Jena, O. J., and the Jailing of Black America," in *The New York Times*,September 30,2007。亦见 Henry Louis Gates, Jr., "Forty Acres and a Gap in Wealth," in *the New York Times*,November 18,2007。

11 Mark R. Gornik, *To Live in Peace:Biblical Faith and the Changing Inner City* (Grand Rapids:Eerdmans, 2002), p. 40.

12 同上,42—43 页。

13 特别参见 William Julius Wilson, *When Work Disappears:The World of the New Urban Poor* (New York:Alfred

Knopf，1996）。

14 我认识一位举家搬迁到一个贫困社区的牧师。他妻子在申请一张新信用卡时被拒绝。虽然她有中产阶级的信用记录，但她的申请仅仅因为她的新地址而被拒绝。

15 同上，54—57页。

16 Robert A. Caro，*The Power Broker：Robert Moses and the Fall of New York*（New York：Vintage，1975）。

17 关于在社区中行义的多维度性，参见本书第6章。

18 D. Carson，R. T. France，J. Motyer，G. Wenham，eds.，*New Bible Commentary：21ˢᵗ Century Edition*（Downers Grove，Ill.：InterVarsity Press，2000），p. 129.

第3章　耶稣怎样教导正义?

1 Anders Nygren，*Agape and Eros*，translated by Philip S. Watson（London：SPCK，1953），p. 70. 引自Nicholas Wolterstorff in *Justice：Rights and Wrongs*（Princeton：Princeton University Press，2008），p. 100。Wolterstorff 总结并反驳了 Nygren，后者认为在圣经中正义和爱是完全不兼容的，98—108页。

2 参见 D. A. Carson，*The Gospel According to John*（Leicester，UK：InterVarsity Press，1991），p. 227。

3 John Newton，*The Works of John Newton*，Volume 1（Carlisle，Pa.：Banner of Truth edition，1985），p. 136.

4 《马可福音》12：40 和《路加福音》20：47 指责文士"吞没寡妇的房产"。至于他们是怎样做的，福音书并没有解释。学者们提出几种可能性。一种可能性是，管会堂的和神职人员经常被委任管理年迈寡妇的产业,而他们可能常规性地借着收取高额管理费来使管理的人富足,而让寡妇们变得贫困。《塔木德》中也提到这种做法。参见 Darrell L. Bock, *Luke*, *Volume* 2:9:51-24:53 (Grand Rapids: Baker, 1996),1643—1644 页,其中有完整的讨论。

5 虽然"忽略公义"一词有时指的是违反法律,但在此处的语境中,它的意思显然是指他们没有显出对穷人的关切。我能查考到的从神学角度写的每一部释经书,都认同这里的"公义"一词与旧约中关爱弱者、为弱者辩护的概念相关。

6 Joel B. Green, *The Gospel of Luke* (Grand Rapids: Eerdmans,1997), p. 471.

7 关于"我弟兄们"这句话是否是指基督徒,还存在争议。在我看来是指基督徒,因为耶稣在福音书中只将这个词用于那些承认他是基督的人。所以说,这是一个对信徒社群发出的呼召,让其中的富裕阶层和中产阶层奉献出他们的资源,并且更深入地、个人性地进入到他们当中那些弱者的生活里。若有读者对此觉得失望,因为这里没有谈到基督徒如何对待世上的穷人,就是信徒社群之外的群体,那他应该看到,好撒玛利亚人的比喻和其他经文都教导基督徒,不能将他们的社会关怀只局限于信徒(例如,《马太福音》6:10)。一些解释者更进一步说,这些"弟兄们"是真正的福音使者,所以耶稣说的是,虽然他们很穷困,但人们应该听他们的信息。在我看来,这是一种不太可能的解释。因为这些弟兄中的一些人被因在监狱里或是病了,所以不太可能是旅行布道的人。而且,正如我们看到的,耶稣的言语接近于《以赛亚书》58 章。他重申了先知的挑战,要基督徒建立一个公正的社区,富人可以与穷人弟兄分享财物。

8 参见 D. A. Carson，*The Expositor's Bible Commentary*：*Matthew Chapters 13 through 28* (Grand Rapids：Zondervan，1995)。"在这个比喻中，进入天国的原因更多是证据意义上的，而不是因果性的。这从义人在 37—39 节的惊讶中可以看出。"(521 页)

9 Harvie Conn，*Bible Studies in Evangelization and Simple Lifestyle* (Carlisle，UK：Paternoster，1981)，p. 18.

10 《使徒行传》5 章记录了早期教会的两个成员(亚拿尼亚和撒非拉)奉献出一大笔钱，声称他们将卖产业所得的全部都捐献了。实际上，他们为自己保留了一部分。结果，上帝因为这个谎言审判他们，他们就死了。因为这一戏剧性结果，人们常常忽略了这段经文的一个含义：在早期教会，一种彻底的慷慨是如何重要和被重视，以至于有人竟然想要伪装出来。

11 "路加在开始描述圣灵所建立的群体时，几乎直接使用七十士译本第 4 节中的语言(只是将其将来时态转变为过去时态)来描述他们，这不是偶然的。"("他们中间没有一个有缺乏的"，《使徒行传》4：34)C. Wright，*Deuteronomy*，p. 189.

12 我谈论耶稣关于正义的教导时，并没有考查"上帝的国"这个重要主题，一些人可能会觉得奇怪。的确，很多人将此视为耶稣事工的主题，而很多讨论圣经关于正义之论述的作者都常会提到它。我没有这样做，是出于以下几个原因。第一，基督徒思想家们对这个词的具体意义并没有达成共识。大多数人认为，"上帝的国"是指上帝救赎性的主权力量，是由耶稣在第一次来临时创立的，在他第二次来临时完成。但至于这国的确切本质，以及国度在今天是怎样表现出来的，还存在很多争议。一些人持偏向个人主义的理解，即这国是我们在归信时进入的一个属灵领域,上帝现在就在我们心中掌权,而且给我们的生命带来改变。另外一些人偏向从集体主义角度去理解。他们看到国度是一套新的社会制度,或者是不同阶层和种族的人之间破裂关系的医治。那些持此观点的人相信,上帝的国不仅是上帝在个人生命中带来改变的方式,也是在世界和社会中的改变方式。例如,他们相信,当基督徒帮助穷人时,他们就是在做"国度的事工"。但也有人不认同这一点,他们坚持认为,只有传福音和门徒造就(即建立基督的身体)才是"国度的事工"。一个重复出现的问题是关于现在世界和未来世界之间的关系。这个物质世界将要完全销毁、被新天新地取代,还是会被更新、洁净和医治呢? 如果是前者,那么拯救灵魂就是最主要的事,因为这个世上所有的一切都会被火销毁。

你可以看出,这些问题很复杂,而我在这本书中没有足够篇幅展开论述。所以我继续指出,我们不必卷入有关国度本质和末世之事的争论,也依然可以充分地证明行义和看顾穷人的重要性。我们会在第 5 章看到,爱德华兹能从代赎、救赎和因恩典得救的传统核心教义中,得出要服事穷人的明确立场。说了这些之后,我仍相信,上帝的国具有群体性。耶稣说:"贫穷的人(不只是"心灵贫穷的人")有福了,因为上帝的国是你们的。"(路 6:20)在这里,耶稣教导说,虽然世界都看重权力("你们富有的人")、物质享受("你们饱足的人")、成功("你们喜乐的人")和被承认("人都说你们好"),上帝国度的成员却不应该将这些事物作为生命的目标或优先考虑的事物。相反地,如果有一群人活着是为了服事和接纳"他人",而且舍己的给予成为其生命的特征,那么这会产生出一种"反主流文化",形成一种不同于世界的社会排列。而且,《路加福音》6:20—35 的意思

（至少）还有,现在那些伤心的、不被认可的、被压迫的人,应在上帝子民的生活和心灵中占据中心位置。在"The Gospel in All Its Forms"这篇文章中,我更多谈论了上帝的国与正义和传福音的关系。参见 http://www.christianitytoday.com/le/2008/spring/9.74.html。

第4章　正义和你的邻舍

1 我需要在这里说明,一般情况下,我相信地方教会的奉献款应该直接用在会友中,或用在参与教会敬拜生活和社区生活的那些有需要的人身上。为了更好地服事城市和世上的穷人,出于实践性和神学性的原因,基督徒应该组建一些非盈利机构去做这些事。我会在第6章更多讨论这一点。

2 这一段来自 Mark Valeri, *Works of Jonathan Edwards：Sermons and Discourses*, 1730–1733, vol. 17（New Haven：Yale University Press, 1999）, p. 22。

3 这段讲道来自 Valeri, *Works of Jonathan Edwards*, vol. 17, pp. 369ff。但网上也有这段讲道的不同版本。

4 一些人可能会指出,爱德华兹在这里只谈到对穷人行善,而不是行义。但是,在这篇讲道中,爱德华兹提醒他教会中那些经济上富足的人,要记得他们的社会地位是上帝的恩赐,是他们不配得的恩典。缺乏对穷人的慷慨,不只是吝啬,而是不义。爱德华兹坚持认为,仅仅向穷人进行公共慈善救助是不够的。基督徒应该以完全根除他们社区中的贫困为目标。认为只要给穷人最低生活保障即可,拒绝慷慨奉献,这是一种罪。参见 Gerald McDermott, *One Holy and Happy Society：The Public Theology of Jonathan Edwards*（State College：Pennsyl-

vania State University Press，1992），p. 160。爱德华兹也谴责那些利用市场从穷人那里获取高额利润的商人。参见爱德华兹的讲道"Dishonesty：or the Sin of Theft and Injustice,"in *Works of Jonathan Edwards*，vol. 2，E. Hickman，ed.（Carlisle，Pa.：Banner of Truth edition，1974），p. 222. 从这些例证中,我们可以看出,爱德华兹对首要正义（或社会正义）的理解是非常敏锐的——社会正义就是关于穷人的权利和其他人要帮助他们的责任。对于爱德华兹而言,缺乏"恩慈"是罪,所以也违反上帝的律法和公义。

5 Edwards in Valeri，p. 395.

6 同上,394 页。

7 同上,398 页。

8 同上,397 页。

9 同上,401 页。

10 同上,402 页。

11 同上。

第 5 章　我们为什么要行义?

1 Arthur Allen Leff，"Unspeakable Ethics，Unnatural Law,"*Duke Law Journal*，December 1979.

2 Richard Rorty，"Human Rights，Rationality，and Sentimentality,"in Stephen Shute and Susan Hurley，eds.，*On Human Rights*：*The Oxford Amnesty Lectures*（New York：Basic Books，1993），pp. 133 - 134.

3 摘自一封给 Frederick Pollock 的信,收录在 Richard Posner，ed.，*The Essential Holmes*（Chicago：University of Chicago

Press，1992），p. 108。

4 C. S. Lewis，*The Weight of Glory and Other Addresses*
（New York：HarperCollins，2001），p. 46.

5 有一本重要的书，区分了圣经所谈到的上帝的爱的不同方式：
Don Carson，*The Difficult Doctrine of the Love of God*
（Leicester，UK：InterVarsity Press，1999）。Carson 认为，保
守派观点（即上帝只爱那些得救的人）和自由派观点（上帝不
加区分地爱所有的人）都没能微妙地说明圣经教义中上帝的
爱是怎样的。

6 Wolterstorff，*Justice：Rights and Wrongs*，pp. 357 - 359.

7 Aristotle，*Politics*，book I，part V. 该引文出自 Benjamin
Jowett 的英译本（Mineola，N. Y.：Dover Thrift Edition，
2000），p. 12。（汉译引自亚里士多德：《政治学》，吴寿彭译，商
务印书馆，2006 年，33 页。——译者注）

8 马丁·路德·金于 1965 年 7 月 4 日在佐治亚州亚特兰大市的
埃比尼泽浸信会教会（Ebenezer Baptist Church）讲了这篇道。
参 见 http://teachers. marisths. org：81/mhs _ oldham/
amdream. pdf，2010 年 3 月 30 日。

9 C. S. Lewis，*The Weight of Glory*，p. 46.

10 Bruce K. Waltke，*The Book of Proverbs：Chapters 1 - 15*
（Grand Rapids：Eerdmans，2004），p. 96. 亦见 Waltke 的文章
"Righteousness in Proverbs," in *Westminster Theological
Journal* 70（2008）：207—224。

11 Christopher Wright，*Deuteronomy*（Carlisle，UK：Paternoster，
1996），p. 261.

12 从不断重复的内容可以看到它的重要性。上帝反复说，他救赎

了他的子民——这是"行义"的基础。这一点在《申命记》24：17—22反复出现："你不可向寄居的和孤儿屈枉正直，……你要记住你在埃及作过奴仆，耶和华你的神把你从那里救赎出来；所以我吩咐你要遵行这话。"

13 我认同对保罗的传统解读，虽然过去二十五年中已经有很多人离弃了这一新教的经典教义。这一转离路德和加尔文的观点被称为"保罗新观"。关于对此观点的简单总结（和一段非常好的批判），参见 Simon Gathercole，"What Did Paul Really Mean?" in *Christianity Today*，August 2007。参见 http://www. christianitytoday. com/ct/2007/august/13. 22. html，2010 年 4 月 10 日。

14 Martin Luther，"Preface," in *Commentary on Paul's Epistle to the Galatians* （Cambridge，UK：James Clarke，1953），pp. 25 - 26. 我用现代语言做了部分改写。

15 另外一个传统问题是，如何将保罗所说的我们是"因信称义"与雅各所说的"我们称义不只是靠信心"相调和。答案是，"雅各和保罗用'称义'一词指代不同的事物。保罗指的是一个罪人在上帝面前被宣称无罪的最初宣告。虽然一个罪人只能借着信心与上帝建立关系（保罗），但最终这一关系的保证［证据］也要考虑到这真信心必然产生的行为（雅各）。"D. Moo，*The Letter of James*，pp. 141 - 142. 关于雅各对恩典和正义之关系的教导，参见第 5 章。

16 D. A. Carson，*The Expositors Bible Commentary：Matthew Chapters 1 to 12* （Grand Rapids：Zondervan，1995），p. 132. 亦见R. T. France，*The Gospel of Matthew* （Grand Rapids：Eerdmans，2007），pp. 164 - 165。France 写道："'灵里贫穷'指的

是一个人与上帝的关系。这是一种积极的灵性转向,是傲慢自信的反面;后者不仅会侵犯他人的益处,更会让人认为上帝是不相关的。"关于另外一段平行经文"穷人和灵里痛悔的人"(赛 66∶2),Alec Motyer 认为,这个词的意思是"一种在属灵事物上的无力感……无法取悦上帝"。Motyer, *The Prophecy of Isaiah*, p. 534。

17 这篇文章是此书中的一章:Miroslav Volf, *Against the Tide: Love in a Time of Petty Dreams and Persisting Enmities* (Grand Rapids∶Eerdmans, 2010), pp. 137—139。

18 同上,138 页。

19 *Sermons of M'Cheyne* (Edinburgh∶n. p., 1848)。我在较早所写的一本书的第 3 章中用这段文字表达了类似的观点:*Ministries of Mercy∶The Call of the Jericho Road*, 2nd ed. (Phillipsburg, N. J.∶ Presbyterian and Reformed Publishing Co., 1997)。

第6章　我们怎样才能行义?

1 参见第 1 章中对本段经文给出的更多解释。

2 参见 Derek Kidner, *Psalms 1 - 72∶An Introduction and Commentary* (Downers Grove, Ill.∶InterVarsity Press, 1973), p. 161.

3 摘自维基百科中"商业伦理"(Business Ethics)这一词条。该词条给出一个很好的例子,说明关于企业伦理的课程和讨论是怎样思考推理的。参见 en. wikipedia. org/wiki/business_ethics。

4 Bruce K. Waltke, *The Book of Proverbs∶Chapters 1 - 15* (Grand Rapids∶Eerdmans, 2004), p. 96.

5 基督徒在日常生活中行义的一个方法是留意自己所消费产品的来源。在一篇 1995 年的文章中,记者 Bob Herbert 谈到他访问过一家厄瓜多尔的工厂,是为丽诗卡邦公司(Liz Claiborne)制作外套的。虽然这些衣服在美国每件卖一百七十八美元,但工人们每件衣服只挣得七十七美分。一位每日连续工作十二小时的女工说,她虽然很想做这份工作,但如此低的工资水平已经不足以支付她三岁女儿的牛奶费了。美国制衣公司只是"在全世界寻找最廉价的劳动力"。(Bob Herbert," In Maquiladora Sweatshops: Not a Living Wage," *Minneapolis Star Tribune*, October 22, 1995.)天主教神学家 William T. Cavanaugh 也重复了 Herbert 的报道,而且将丽诗卡邦与一个由工人拥有的合作社公司——西班牙蒙德拉贡联合公司(Mondragón Cooperative Corporation)相对比。在西班牙,蒙德拉贡实际上是一个合作社联盟,它的建立是基于一个理念,即如果由劳方来雇佣资方,经济运作就会比让资方雇佣劳方更公正。在蒙德拉贡,最高收入的工人一般不能超过最低收入的工人工资的五到六倍。利润的十分之一会直接捐给社区发展项目。蒙德拉贡目前雇佣了超过九万二千名工人,而研究表明,蒙德拉贡所在的社区都非常健康。(William T. Cavanaugh, *Being Consumed: Economics and Christian Desire* [Grand Rapids, Mich.: Eerdmans, 2008], pp. 16 – 17)想要在世上行正义的基督徒可以惠顾一些企业多于其他企业。我还要说的是,这一领域也充满很多困难的问题。很多人认为,美国公司在海外的那些低收入工作也极大地促进了所在国家的经济,而且长期而言,这些自由企业会提高劳资双方的利益。一些基督徒思想家对自由市场的道德性,比别人持更加正面的态度。

6 Mary 是化名。为保护其隐私，我也修改了一些细节。

7 Wright，*Deuteronomy*，p. 261.

8 Perkins 在书中栩栩如生地讲述了有关这些事工的故事：*A Quiet Revolution*（Waco，Tex.：Word，1976），*Let Justice Roll Down*（Ventura，Calif.：Regal，2006），*Restoring AtRisk Communities*（Grand Rapids：Baker，1996），*Beyond Charity：The Call to Christian Community Development*（Grand Rapids：Baker，1993）。

9 Charles Marsh and John M. Perkins，*Welcoming Justice：God's Movement toward Beloved Community*（Downers Grove，Ill.：InterVarsity Press，2009），p. 25. 亦见 Marsh，*The Beloved Community：How Faith Shapes Social Justice，from the Civil Rights Movement to Today*（New York：Perseus Books，2005）。

10 Marsh and Perkins，p. 30.

11 一些人更愿说"重新做邻居"而不是用"搬家"一词。一般来说，一些富人会因两个原因搬到一个贫困社区：为了更低的房租或房价，或将住在形势严峻的内城区视为一件新颖时髦的事。当很多人因这些原因搬迁时，结果会带来一种螺旋式上升的"士绅化"趋势，会让房价上涨，并将穷人赶出这些社区。"重新做邻居"的意思是小心地搬入，意识到这种做法对环境的影响，真诚地参与和服事社区，对社区的公共利益形成一种好的影响。

12 同上，23 页。

13 John Perkins，*With Justice for All*（Ventura，Calif.：Regal，1982），pp. 146－166.

14 Gornik，129 页。他指出，"发展"一词有强权家长制的色彩，但"也依然有其价值"。

15 Marsh and Perkins，p. 30.

16 Mishnah（Sanhedrin 10. 5），引自 J. Daniel Hays，*From Every People and Nation*：*A Biblical Theology of Race*（Downers Grove，Ill.：InterVarsity Press，2003），p. 50n.

17 Hays，p. 60.

18 《使徒行传》10：34 告诉我们，彼得认识到上帝不偏待人。也就是说，他不会因种族或阶层的原因而歧视人（参弗 6：9）。

19 Richard Lovelace，*The Dynamics of Spiritual Life*（Downers Grove IVP，1979），p. 199.

20 无需赘言，种族和解这一问题很复杂，也包含很多小的议题。其中一个问题是，今天美国白人是否应该为先辈的罪而忏悔，承认我们今天享受的是一种白人的优越性。首先，这里的问题涉及个人和团体的罪疚。《但以理书》9 章的确提到过为先人的罪悔改和负责。然而，《以西结书》18 章的经文则有力地提出，个人应该只为他们自己的罪，而不是为他们先辈的罪而受审判。将这两个真理平衡起来很重要。第二，你对贫困原因的理解会影响到你实际上如何进行种族和解。如果你相信非裔美国人的贫困，主要是因为体制性种族主义和排斥，或者你认为这完全是因为家庭解体和个人责任的问题，这都会影响你对种族合一与和解的整体处理方式。参见 John Piper 即将出版的书 *Bloodlines*：*Race, Cross, and the Christian*。关于强调体制性种族主义本质的记载，参见 Emmanuel Katongole and Chris Rice，*Reconciling All Things*：*A Christian Vision for Justice, Peace, and Healing*（Downers Grove，Ill.：Inter

Varsity Press，2008)。

21 参见 www. bostontenpoint. org。

22 在以色列,根据摩西律法,必须在中央圣所(先前是会幕,后来是圣殿)向上帝献祭,由祭司们来执行。约伯是他自己家庭的祭司(伯1:4—5)。这意味着,约伯一生的事件并不处于以色列神权国家的范围内。

23 Robert Linthicum，*City of God*，*City of Satan*：*A Biblical Theology of the Urban Church*（Grand Rapids：Zondervan，1991)，pp. 45 - 47.

24 同上。

25 这一列表中很多项都来自国际正义使团(International Justice Mission)于 1996 年所做的调查。该使团调查了七十个基督徒事工机构,他们在全球范围内参与宣教、救济和发展方面的服事。参见 Gary Haugen，*Good News about Injustice*（Downers Grove，Ill. : InterVarsity Press，2002)，p. 41。

26 LaVerne S. Stokes，"Preface" to Mark Gornik，*To Live in Peace*，p. xiii.

27 Gornik 引自 *Christianity*，*Social Change*，*and Globalization in the Americas*（New Brunswick，N. J. : Rutgers University Press，2001)，in Gornik，p. 13。

28 这一页的注释都来自 Gornik，pp. 12 - 13。

29 要预备和动员一个教会行义,还有更多事情可做。很多年前,我写了一个比较实用的手册,包括很多列在这里的细节。参见 Timothy J. Keller，*Ministries of Mercy*：*The Call of the Jericho Road*，2nd ed. (Phillipsburg，N. J. : Presbyterian and Reformed Publishing Co. ，1997)，第 8—14 章。亦见 Amy

Sherman, "Getting Going: Ten Steps to Building a Community Ministry," in *Restorers of Hope* (Wheaton, Ill.: Crossway, 1997)。另外一本帮助人们开始行义的书是 Mae Elise Cannon, *Social Justice Handbook: Small Steps for a Better World* (Downers Grove, Ill.: InterVarsity Press, 2009)。这本书给出很多适度的"最先迈出的几步",让人可以开始行义。还有两本关于基督徒社区发展和社区组织的书:Robert Linthicum's *Empowering the Poor* (Federal Way, Wash.: World Vision International, 1991) and *Transforming Power: Biblical Strategies for Making a Difference in Your Community* (Downers Grove, Ill.: InterVarsity Press, 2003)。亦见 Shane Claiborne, *The Irresistible Revolution: Living as an Ordinary Radical* (Grand Rapids: Zondervan, 2006)。所有这些书都能给你一些关于如何在你社区中行义的具体想法。然而,我要附加一点注意事项。我们社会中关于正义的五花八门的理论都非常有影响力,而基督徒作者们通常都会受到这种或那种理论的影响。这些书中有一些会持某种更保守的、个人主义的正义观,而另外一些人认为贫困完全是不公正社会体制的结果。作为读者,你也会受到这些理论的影响。例如,如果你是一位政治保守派,你会觉得 Amy Sherman 的书无可厚非,但你会反对 Linthicum 书中的很多观点。我建议读者要记住,圣经中的正义概念是非常全面的,所以要尽可能地从各种资源中获得好的思想。

30 亦见《帖撒罗尼迦后书》3:10:"如果有人不肯作工,就不可吃饭。"像这样一句经文必须与《使徒行传》4:32 的经文保持平衡,后者说要帮助"任何"有需要的人。我们必须帮助教会中任何有需要的人，但如果我们爱他们，而他们的行为是不负责任的，那么我们必须警告他们，让他们改变做事方式。参见第 4 章中提到爱德华兹关于如何帮助"不配的穷人"那一段论述。

31 这一观点的例子见 C. P. Wagner, *Church Growth and the Whole Gospel* (New York：Harper and Row，1981)，pp. 101 - 104。

32 引自 James I. McCord，ed.，*Service in Christ* (Grand Rapids：Eerdmans，1966)。

33 关于慷慨和看顾穷人为何对初代教会的福音事工至关重要，参见 Alan Kreider，"They Alone Know the Right Way to Live," in Mark Husbands and Jeffrey P. Greenman，*Ancient Faith for the Church's Future* (Downers Grove，Ill.；InterVarsity，2008)。Kreider 指出，早期基督教高速增长（在三百年内以每十年增长百分之四十的速度），然而在那一时期，"早期基督徒并没有在公开场所传讲，因为那太危险了。我们几乎不知道那时有哪些布道家或宣教士。初代基督徒并没有宣教委员会。他们没有写关于宣教的专著。在罗马皇帝尼禄于公元 1 世纪中叶所展开的大逼迫之后，初代基督徒的敬拜都不让访客参加。执事站在教会门口，确保没有未受洗的人进入，没有'撒谎的告密者'进入……然而教会却依然在增长。从官方来看，这是一种迷信活动。有名望的人鄙视基督教。邻舍用各种方法歧视基督徒。教会周期性地遭遇大屠杀……做基督徒是很难的事。但教会还是在增长。为什么呢?"（169—170 页)他这样让人吃惊地描述初期教会的社会状况，使我们意识到，教会增长只是因为"很多人被吸引，像被磁铁吸引一样"（170 页)。Kreider 继续论述说，吸引非信徒的是基督徒对弱者和穷人的关切，他们对缺乏者的慷慨，以及他们甚至对敌人都有的那种牺牲的爱。

34 参见 Irene Howat and John Nicholls, *Streets Paved with Gold*：*The Story of London City Mission*（Fearn, Scotland：Christian Focus，2003）。

35 关于对凯波尔观点的正面看法，参见 Daniel Strange，"Evangelical Public Theology：What on Earth? Why on Earth? How on Earth?，" pp. 58 – 61, in Chris Green, ed.，*A Higher Throne*：*Evangelical Public Theology*（Nottingham, UK：InterVarsity Press，2008）。

36 参见 Daniel Strange, *A Higher Throne*：*Evangelical Public Theology*, pp. 52 – 57。关于教会如何与文化发生关系，是一个既关键又广泛的主题，不是本书所能穷尽的。Strange 提出两种观点。第一，他讨论了"两个国度"的观点，这种立场认为，不论是教会作为一个组织，还是基督徒以个人名义，都不应该试图按照圣经的正义观直接改良社会。其次，他讨论了"改造派"（Transformationist）的观点，这主要与凯波尔有关。改造派号召基督徒从"一种独特的基督教世界观"出发去作工，以改造文化。Strange 指出了这两种观点的危险，并最终选择了一种改造派模型的温和版本。亦见本书第 7 章注释 21。

37 我们在这里看到两个主要的神学争论。一个是关于教会"使命"的本质，即教会的使命只是传讲上帝的话语（传福音和使人做主的门徒），还是要加上（或主要是）行义呢？福音派人士越来越多地谈到教会的"正义使命"。参见 Amy L. Sherman，"The Church on a Justice Mission，" in *Books and Culture*，July/August 2010。这篇文章指出福音派地方教会的一些例子,这些教会将抵制性人口贩卖加入自己的使命宣言中。事实上,这的确是非常重要的一项正义问题,也是多数福音派教会容易参与的一项事工。尽管如此,我还是认为凯波尔是正确的,即最好将"教会的使命"严格地定义为传讲上帝的话语。更广义地来看,基督徒在世上的使命则是如何在言语和行为上服事人们,一起行出公义。

第7章　在公共领域行义

1 在一些情况下,一个比"同盟"更合适的词是"参展盟友"(cobelligerents)。这指的是一组人,虽然在大多数问题上看法是完全对立的,却愿意在某个具体问题上合作。一个例子是激进女权主义者和基要派合作,一同抵制色情业。

2 Michael J. Klarman, "Rethinking the History of American Freedom," *William and Mary Law Review*, vol. 42 (Fall 2000), pp. 265, 270.

3 Peter Westen, "The Empty Idea of Equality," *Harvard Law Review*, vol. 95, no. 3 (1982), p. 537.

4 这个特别有影响力的原则,最初是 John Stuart Mill 在他的"On Liberty"一文中提出的。他在文中指出,"应当确保人类(不论个人或集体性的)不侵犯他们中间任何人(或人们)的自由行动,这样做的唯一目的是……为了避免对他人的伤害。"引自 Steven D. Smith, *The Disenchantment of Secular Discourse* (Cambridge: Harvard University Press, 2010), p. 70。

5 这个例子引自 Smith, *Disenchantment*, pp. 84 – 86。

6 参见第 3 章,"Trafficking in Harm," in Smith, *Disenchantment*, pp. 70ff。

7 Alasdair MacIntyre, *Whose Justice? Which Rationality?*
   (Notre Dame, Ind.：Notre Dame University Press，1988).

8 Michael Sandel, *Justice：What's the Right Thing to Do?*
   (New York：Farrar, Straus, and Giroux，2009).

9 同上，6 页。

10 Sandel 用两个例子来说明，正义的不同描述是怎样引向不同的
   判定。一个例子是关于 2004 年查理飓风之后的物价上涨现
   象，当时很多佛罗里达的企业都抬高了基本房屋维修材料的价
   格。民众疾呼反对，结果佛罗里达州通过立法反对抬高价格。
   但这引发了一场关于抬高价格是否正义的讨论。一派人认为，
   就算人们愿意支付，商家这种做法也是贪婪的、错误的。另一
   派人认为，反抬价法侵犯了商家的定价权，否定这一权利就是
   否定一个民主社会中的基本权利。而且他们还提出，只有允许
   价格提高，制造商才能制造出数量足够多的产品，以满足佛罗
   里达居民们的大量需求。Sandel 指出，这一案例"是在古代和
   现代政治思想中进行了一个划分。相比之下，现代政治哲学家
   们（从十八世纪的康德到二十世纪的罗尔斯）都认为，定义我们
   权利的正义原则，不应倚靠任何有关美德的概念或有关最佳生
   活方式的观念。相反，一个正义的社会会尊重每个人的自由，
   让他们去选择他或她自己认为好的生活"（Sandel，*Justice*，
   p. 8）。另一个更加耸人听闻的案例，是关于一艘在 1884 年的
   风暴中沉海的英国"木犀草号"游艇。四位水手借着一艘救生
   艇得以逃生，但其中三人杀害并吃掉了他们当中的一位，如此
   才得以幸存。那位被害的男孩没有父母、配偶或孩子，而且当
   时也好像快要死了。当他们返回家乡赴审时，大多数英国公众
   都反对他们受刑。他们的理由是，那位年青水手当时反正是要

死了,而且如果他不死,就会有其他人成为寡妇或孤儿。与其很多人死去并导致多人丧亲,还不如让一个人死。如果你相信正义主要意味着给最大多数人带来最大限度的利益,那么这些水手所做的就是正义的。但如果你相信,正义主要关乎个人自由,那么水手们对那位年青人所做的肯定是非正义的,因为他们没有得到他的同意就杀害了他。Sandel 巧妙地说明,这些观点怎样导致人们众说纷纭——因为我们对正义的定义没有一种共识。不同群体会得出不同结论,因为关于"正义",每一种理论都有不同的底线。

11 Smith, *Disenchantment*, p. 39.

12 所有这些都引自 Smith, *Disenchantment*, p. 179.

13 同上,181 页。

14 Sandel, *Justice*, p. 251.

15 同上。

16 同上,252 页。

17 同上,281 页。

18 在 Sandel 引用的例子和本章注释 4 所叙述的情况中,基督徒可以在圣经中找到很多资源来帮助他们做困难的决策。(1)关于飓风后的抬价。在《利未记》25:35 中,圣经禁止向那些因灾害陷入贫困中的人放贷或为获利而出售产品。摩西律法说,当灾害发生时,我们应该为了受害者的益处而降低价格。我们不应该在人受害时赚钱。在佛罗里达,各种因素必须达成平衡。对于大多数人而言,价格应该适当上升,好让厂家能制造出更多需要的材料。在一个真正正义的社会中,受灾不严重的居民会愿意为了受灾严重的人而支付稍微高一些的价格。除了制定禁止抬价法(这会减少房屋材料的供应)之外,还应该给低收人家庭或受灾严重的居民提供特殊供应。政府和私人机构都应该参与供应。(2)那么"木犀草号"轮船事件呢？很多英国人认为水手们的做法是对的，一个原因是他们相信"福祉最大化"的正义进路，那位年青人的生命被认为对人类社会具有较低的价值。根据这种想法，杀害一个有孩子或配偶的成年男人是错误的。但圣经视所有人都是按上帝形象造的，具有同等价值。在圣经看来，不能根据经济和社会因素给人的价值和尊严划分等级。水手们应该尽力保存他的生命，而不是将他作为一件价值比较低的商品对待。他们应该保护这个人的生命，而不是让自己取代上帝的位置，去处置别人的生命。

19 《诗篇》19 篇说，自然无言无语地向我们"述说"上帝。这首诗的前半部分可以被看作是在教导普遍启示，而后半部分赞美圣经，或"特殊启示"。在《罗马书》1：20，保罗重新肯定《诗篇》19篇所说的，但加上一段解释——因此，所有人类在知道上帝和他旨意的同时却仍违背他，他们的罪都是"没有办法推诿"的。

20 有关对《雅各书》1：17—18 的理解，参见 Ralph P. Martin, *Word Biblical Commentary*：*James*（Nashville：Word，1988），pp. 37—42，以及 Douglas J. Moo, *The Letter of James*（Grand Rapids：Eerdmans，2000），p. 78。Moo 写道："所以，雅各引用上帝创造天体来作为他继续护理这个世界的证据。"

21 一个惊人的例证是《以赛亚书》28：23—29："你们要侧耳听我的声音，留心听我的话。农夫怎么不断耕犁来撒种呢？他怎会常常开垦耕地呢？他犁平了地面，不就撒种小茴香，播种大茴香，按行列种小麦，在指定的地方种大麦，在田边种粗麦吗？因为他的神教导他，指教他正确的方法。……这也是出于万军之耶和华，他的谋略奇妙，他的智慧广大。"这很值得关注。以赛亚告诉我们,任何一个有技巧的农夫或推动农业科学的人都是上帝所教导的。有人这样写道:"看起来是探索发现的(关于作物生长、农业管理或作物轮作等的季节和条件),实际上都是造物主打开他的创造之书,启示出他的真理。" Alec Motyer, *The Prophecy of Isaiah* (Downers Grove, Ill.: InterVarsity Press, 1993), p. 235. 这就是普遍恩典的例子。

22 Richard Mouw, *He Shines in All That's Fair: Culture and Common Grace* (Grand Rapids: Eerdmans, 2010), p. 14.

23 D. A. Carson, *Christ and Culture Revisited* (Grand Rapids: Eerdmans, 2008), p. 49.

24 Ken Myers, "Christianity, Culture, and Common Grace," p. 43, 参见 www.marshillaudio.org/resources/pdf/ComGrace.pdf, 2010年5月31日。这篇文章应该配合 Richard Mouw 的 *He Shines in All That's Fair: Culture and Common Grace* 阅读。这两部作品给出很多圣经上对普遍恩典教义的记录,用以强烈激励基督徒不仅要借着宣教和门徒训练建造教会,也应该作为哲学家、艺术评论家、电影制作者、新闻记者和社会理论家深度参与文化活动。他们都提出,若没有对普遍恩典的理解,基督徒很容易分成两个极端的阵营。第一类是那些凯旋主义者,要重建"基督教王国",试图按照圣经的蓝图来改造文化。另一类极端做法是完全退出文化界。两类人都假设上帝没有给非信徒以智慧、洞见或对真理的认识。最终,Mouw 和 Myers 这两位作者从这一教义中得出很不同的实践性结论。但即使是这些差异性,也是有帮助和教育意义的。

25 Carson, *Christ and Culture Revisited*, p. 218. Carson 指出,基督徒若退出对世上任何社会正义的关切,就会在与文化的关系

方面落入路德"两国度"模式的失衡版本。路德的"两国度"模式所思考的是基督徒如何与文化发生关系的问题,但这一失衡做法不仅主张制度性教会不应该以基督的名义寻求任何社会改良,也主张基督徒甚至不应该以一种独特的基督徒的方式,去参与世事,包括政治、公民社会、学术或社区发展等等领域。他们在世上的工作只是严格地诉诸普世价值,而人们因着上帝所赐的普遍恩典能够理解这些普世价值。这一"两国度"做法当然会消除右翼基督徒中一些人提出的乌托邦凯旋主义,但也会引向另一极端的谬误,就是一种"静默主义"的形式。Carson引用路德宗神学家 Robert Benne 的话说:"如果按这一种路德神学的版本来讲,会推出一个逻辑性结论,就是将任何智性内容从福音中剔除,而且将任何道德内容从民事法律中剔除。在与世俗学术界对话时,圣经叙事和对它的神学反思将不会具有任何认识论方面的地位。这会导致在教育领域高举一种路德宗的静默主义。德国路德宗在二十世纪三十年代将两个国度分开(将法律之下的政府从福音之下的基督教分离出来),而允许纳粹主义畅行无阻,后者正是诉诸基督教异象的智性和道德内容。与在二十世纪三十年代的德国情形非常类似,这一做法也会让现代世俗学术在不被这异象挑战的情况下得以发展。"(引自 Carson,212 页)

　　Carson 既批判了来自凯波尔将基督与文化联系在一起的凯旋主义,也批判了由路德模式而来的静默主义,正如 Dan Strange 所提到的(参见第 6 章注释 31)。虽然 Strange 更倾向于凯波尔,Carson 却采取了一条更平衡的中间路线,虽然他也承认这两种模式都存在优势,基督徒在不同时间和地点都可以从其中一个吸取益处。还有一个非常平衡的观点,不是来自神学家或圣经学者,而是来自一位基督徒社会学家,参见 James Hunter, *To Change the World*:*The Irony*,*Tragedy*,*and Possibility of Christianity in Late Modernity*（New York:Oxford University Press,2010）。Hunter 花了很大篇幅批判两种对立观点,以及第三种融合模式,而提出我认为是比较平衡的、他称之为"忠实于信仰的入世"（faithful presence）的做法。最后,Strange、Carson 和 Hunter 这三位学者都建议基督徒采用一种平衡进路,就是在参与文化的同时却不陷入凯旋主义或改良主义。他们都坚持认为,制度性教会的优先使命必须是传讲上帝的话语,而不是改变文化。

26 Sandel,*Justice*,p. 248.

27 同上,261 页。

28 关于对亚里士多德正义观的很好的总结,参见 Sandel 的 *Justice* 一书第 8 章"谁配得什么?/亚里士多德"。

29 主要一本书是 Brian Tierney,*The Idea of Natural Rights*:*Studies on Natural Rights*,*Natural Law*,*and Church Law 1150－1625*（Atlanta:Scholars Press,1997）。亦见 Brian Tierney,"The Idea of Natural Rights—Origins and Persistence," *Northwestern Journal of International Human Rights*,Volume 2（Spring 2004）。

30 引自 Michael J. Perry,*Toward a Theory of Human Rights*:*Religion*,*Law*,*Courts*（New York:Cambridge University Press,2006）,p. 18.

31 Jacques Derrida,"On Forgiveness:A Roundtable Discussion with Jacques Derrida," Richard Kearny 主持讨论,参见 *Questioning God*（Bloomington:Indiana University Press,

2001），p. 70。

32 Terry Eagleton, *Reason, Faith, and Revolution: Reflections on the God Debate* (New Haven: Yale University Press, 2009), p. 37.

33 然而，虽然很明显不信上帝的人会相信人权，而且饱含激情地为正义而努力，但是要说他们对权利的信仰有智性层面的保障，则是另一个问题。可以说，就对人权的信仰而言，相信上帝的存在，比相信上帝不存在更合理些。参见 Nicholas Wolterstorff 的书 *Justice: Rights and Wrongs* (Princeton, 2008) 第15章"有可能存在人权的世俗基础吗？"和第16章"人权的有神论基础"。亦见 Christian Smith, "Does Naturalism Warrant a Moral Belief in Universal Benevolence and Human Rights?" in J. Schloss and M. Murray, eds., *The Believing Primate: Scientific, Philosophical, and Theological Reflections on the Origin of Religion* (New York: Oxford University Press, 2009), pp. 252ff。

34 Barack Obama, "Call to Renewal Keynote Address," Washington, D. C. , June 28, 2006, www. barackobama. com/2006/06/28/call_to_renewal_keynote_address. php, quoted in Sandel，p. 246.

第8章 平安、美和正义

1 关于古代创世神话的简短总结，参见 Encyclopedia Britannica Online, http://www. britannica. com/EBchecked/topic/142144/creation-myth。

2 Gerhard von Rad, *Wisdom in Israel* (London: SCM Press,

1970），p. 304.

3 Moshe Weinfeld，*Social Justice in Ancient Israel and in the Ancient Near East*（Minneapolis：Fortress，1995），p. 20. 引自 Christopher J. H. Wright，*Old Testament Ethics for the People of God*（Downers Grove，Ill.：InterVarsity Press，2004），p. 265，n. 16。旧约学者 Bruce K. Waltke 也肯定正义和物质世界的秩序之间存在这一联系。他写道，正义是根据"一种从创世就存在的普世秩序"而生活，"这是在法律、智慧等领域表现出来的……也是上帝所保证的"（引用 H. H. Schmid）。他也写道，正义是"把权利及和谐带给万有——不仅带给在社区中彼此关联的个体，也带给物质和属灵领域。它的基础是上帝对这个世界的治理"（引用 J. W. Olley）。*The Book of Proverbs：Chapters 1 - 15*（Grand Rapids：Eerdmans，2004），p. 96.

4 参见"和平"词条，*The Dictionary of Biblical Imagery*，L. Ryken，T. Longman，eds.（Downers Grove，Ill.：InterVarsity Press，1995），p. 632。或者参见任何一本圣经希伯来文术语辞典。例如："平安（Shalom）关乎综合意义上的成就或完全，关乎一种生活和灵里的完全。这种状态远非任何人的努力所能达致，即便在最好的状况下也是如此。""Shalom and the Presence of God，" in *Proclamation and Presence*，J. I. Durham and J. R. Porter，eds.（Richmond：John Knox，1970），p. 280。

5 Koehler 和 Baumgartner 的标准希伯来词汇字典如此追踪 *mishpat* 这个词的意义范围："掌权＞法律决定、判定＞案例＞法律、权利、声称。某人应得的……"（L. Koehler，W.

Baumgartner, et al. , *The Hebrew and Aramaic Lexicon of the Old Testament*, tr. M. E. J. Richardson, et al. 〔Leiden: Brill, 1994 - 99〕, 2:615)换言之, *mishpat* 可以指一个案例的法律判定, 或更基本的是诉讼者应该处于的状态, 得到他或她"应得的"。G. Liedke 进一步说, 在一个 *mishpat* 判决中, "两个人(或两群人)的内部关系本来不可避免地受到了影响, 却被恢复成平安的状态……〔*mishpat*〕是一种对平安状态的恒常维护。"(In *Theological Lexicon of the Old Testament*, 3 vols. , E. Jenni and C. Westerman, eds. , tr. M. E. Biddle〔Peabody, Mass: Hendrickson, 1997〕, 3:1394.)总之, *mishpat* 支撑并维护着平安, 即人类在每一个维度都繁荣、安康的完全状态。

6 Nora Ellen Groce, *Everyone Here Spoke Sign Language: Hereditary Deafness on Martha's Vineyard*（Harvard, 1985）。

7 在十九世纪, 每 5728 位美国人中就有一位生来是耳聋的, 但在马萨葡萄园岛的比例是 155 比 1(Groce, 3 页)。在奇尔马克, 即最孤立的葡萄园岛上的城镇, 这一比例是 25 比 1。这镇上 350 个人中就有 15 个人是耳聋的。他们中大多数人生活在奇尔马克镇外面的一个小社区, 这里四分之一的居民都是耳聋的(Groce, 42 页)。

8 Groce, 2—3 页。

9 Groce, 51 页。一位在二十世纪三十年代嫁入奇尔马克社区的女性曾说过: "我从亚比该〔一位聋人〕那里学了手语, 她是我们的邻居。我一迁入奇尔马克就开始学习这种语言。当然, 我必须说, 因为镇上每个人都说。"(56 页)

10 "所有交流都是倚靠手语, 因为好像没有哪个葡萄园岛的聋人

会读唇语。"(Groce,57 页)

11　Groce,59 和 60 页。

12　参见 Groce 第 5 章,"岛上对耳聋的适应"。

13　Elaine Scarry, *On Beauty and Being Just* (Princeton：Princeton University Press, 1999), p. 31.

14　"美是可以救命的……正如 Rilke 的命令所说,'你必须改变你的生命'。而荷马是对的:美会引起深思及对先例的寻求。那么关于不朽呢? 荷马或许对、或许错了吗? 对真理的渴求会持续不变吗——即便形而上层面的参照标准受到质疑?"(Scarry,32—33 页)

15　Iris Murdoch, *The Sovereignty of Good over Other Concepts* (Cambridge, UK：Cambridge University Press, 1967), pp. 86 - 87.

16　这些词来自 Scarry,113 页("所有空间……"以及"不再是主角……")和 93 页("某人与别人的关系的对称性")。在这后一个句子中,Scarry 引用了 John Rawls。

17　*The Nature of True Virtue* 不是一本容易读的书。参见 Gerald McDermott, *One Holy and Happy Society* (State College：Pennsylvania State University Press, 1992),特别是第 3 章和第 5 章,关于爱德华兹的属灵观对社会伦理的意义。

18　Todd Gitlin, "Elaine Scarry on Beauty and Being Just," *The American Prospect*, November 30, 2002.

19　有人争论耶稣的家庭和耶稣自己是否真属于最贫困的社会阶层。很多人认为,如果耶稣和他的父亲是木匠,那他们就是工匠,而不是最低的农民阶层。当然,耶稣认识字,而农民家庭的孩子是没有机会受教育的。另一方面,像我们今天的"中产阶级",在耶稣时代的加利利是不存在的。"甚至工匠们（如木匠或石匠）都完全不能和我们今天的中产阶层相比。"（Ben Witheringon, *The Jesus Quest: The Third Search for the Jew of Nazareth* [Downers Grove, Ill.: InterVarsity Press, 1999], p. 29.）而且,耶稣生来带着私生子的耻辱。小镇上的人们不可能不记得马利亚在结婚前就怀孕了,而且在《马可福音》6:2—3,耶稣被称为"马利亚的儿子",而不是约瑟的儿子,这至少是一种羞辱,或许是说他不是婚后生的。所以,虽然我们不能证明他的家庭生活在贫困中,但我们也不能说耶稣和他的家庭是富裕的和受人尊重的。虽然耶稣在讲论时也谈到富人和受教育的人,并愿意与他们有关系,但他一生,特别是受死时,都是与穷人和被边缘化的人站在一起。

20 James M. Boice, "Illegalities of Christ's Trial," in *The Gospel of John: An Expositional Commentary*, Volume 5 (Grand Rapids: Zondervan, 1979), pp. 63ff.

21 引自 David Van Biema, "Why Did Jesus Have to Die?" in *Time*, April 12, 2004, p. 61。Joanne Terrell 是一位非裔美国作家。当她意识到,耶稣和她母亲一样是非正义的受害者时,她重新发现了基督教故事的力量。她写道,她一直知道耶稣是为我们受苦的,但她突然意识到,他也与我们一起受苦,他与受压迫的人站在一起。Terrell 的故事在同一期《时代》杂志上被详细讲述。我也在如下书中引用过: *The Reason for God* (New York: Dutton, 2008), p. 195。

22 我听另一位传道人在一次讲道中提到过这故事。我一直无法证实这是一段真实的历史故事或仅是虚构的寓言。

致　谢

　　我愿将此书献给救赎主长老教会的众位执事,还有纽约希望中心(Hope for New York)的领袖们。纽约希望中心是一个出自救赎主教会的事工机构,现在仍与我们教会(以及其他教会)紧密合作,服务于这城市的穷人。我也很感激我的朋友和同行杰夫·怀特(Jeff White)和马克·格尼克(Mark Gornik)的工作和服事。他们分别在哈兰和巴尔的摩的新歌教会服事。关于行义,我们多年来都是互相扶持的学习者。有时我教他们一些东西,有时他们也教我一些,本书中提出的原则和实际做法是我们一起发现的。

　　不过,第一个教我关心穷人的教会是我在弗吉尼亚州霍普韦尔的教会。那里的基督徒本能地知道,如果爱是真诚的,就要在言语和行为上体现出来。

　　如惯常一样,若缺少了我的经纪人大卫·麦考密克

(David McCormick)和我在企鹅的编辑布莱恩·塔特(Brian Tart)的指导和个人支持,这本书不可能问世。我还感谢林恩·兰德(Lynn Land) 和贾尼斯·沃思(Janice Worth),他们让我夏天可以有写作的时间。不过,这本书还要特别感谢贾尼斯的贡献,因为是她想到让我把一次关于正义和慷慨的演讲整理成书。

　　最后,我要感谢我的妻子凯西。这本书是我们为实现婚姻誓言的又一次合作。我们的婚姻誓言是:借着我们的婚姻,"困苦的人听见了就喜乐"(诗 34:2)。

图书在版编目(CIP)数据

慷慨的正义：上帝的恩典如何让我们行义/(美)提摩太·凯勒著；
李晋，马丽译.—上海：上海三联书店，2015.5(2024.6 重印)
ISBN 978-7-5426-4955-3

Ⅰ.①慷…　　Ⅱ.①凯…②李…③马…　　Ⅲ.①正义-研究
Ⅳ.①D081

中国版本图书馆 CIP 数据核字(2014)第 225250 号

慷慨的正义
——上帝的恩典如何让我们行义

著　　者 / 提摩太·凯勒(Timothy keller)
译　　者 / 李 晋　马 丽
策　　划 / 徐志跃
责任编辑 / 邱　红
特约编辑 / 橡树文字工作室
整体设计 / 周周设计局
监　　制 / 姚　军
责任校对 / 张大伟

出版发行 / 上海三联书店
　　　　　 (200041)中国上海市静安区威海路 755 号 30 楼
邮　　箱 / sdxsanlian@sina.com
联系电话 / 编辑部：021-22895517
　　　　　 发行部：021-22895559
印　　刷 / 上海展强印刷有限公司

版　　次 / 2015 年 5 月第 1 版
印　　次 / 2024 年 6 月第 7 次印刷
开　　本 / 890 mm×1240 mm　1/32
字　　数 / 120 千字
印　　张 / 6.875
书　　号 / ISBN 978-7-5426-4955-3/D·267
定　　价 / 38.00 元

敬启读者，如发现本书有印装质量问题，请与印刷厂联系 021-66366565